大石　裕
Oishi Yutaka

メディアの中の政治

勁草書房

はじめに

メディア、そしてジャーナリズムはつねに「政治」の中にある。

ニュースは個々のジャーナリスト、そしてニュース・メディアという組織によって生産されるが、その過程はおおよそ以下のようにとらえることができる。それは、社会的出来事の発生↓社会的出来事の選択、そして取材↓（収集されたニュースの素材）↓ニュースの素材の編集と整理↓ニュースの提供、というものである。

これら一連の活動は、多種多様な外部からの影響力や圧力のもとで行われている。ジャーナリストやニュース・メディアは、規制や規範の枠の中で、そして政治エリートや一般市民の影響力のもとで活動しているのである。このことは、外部からの影響力がジャーナリストやニュース・メディアに転化されているという言い方もできる。ここから「政治の中のメディア」という視点を導き出すことは十分可能である。

この視点は本書でも採用され、重視されている。ただし、ニュースの生産過程を見るならば、そこで作用する影響力がジャーナリストやニュース・メディアの外から加えられるだけでないのは明らかである。これら一連の過程においては、ジャーナリストが内面化した慣習、倫理、規範、あるいはニュース・メディア自体に備わるさまざまな制度やそこに内在する慣例なども大きく作用する。メディアの社会的責任、客観報道、あるいは中立・公正な報道、そして世論、民意、国民感情を重視する報道姿勢といった言葉で語られるものがそれにあたる。これに営利的な要請を加えることも当然できる。個々のジャーナリストの内面、あるいはニュース・メディアの内部にも、ある種の権力作用が働いているのである。これが「メディアの中の政治」という言葉に込めたひとつの意味である。

したがって、ニュース、さらには解説、論評や主張に関しては、ジャーナリストやニュース・メディアに対して外部から行使される影響力と、それらの内部で作用する影響力が合成された結果という見方が成り立つ。ただし本書では、「メディアの中の政治」という言葉には、もうひとつの意味を含ませている。それは、ニュースというメディア・テクスト、すなわちニュース・テクスト（それは文字、音声、画像によって成り立っている）、それ自体に権力的側面が備わっているという意味である。

ジャーナリストやニュース・メディアは、ニュース・テクストの生産という行為を通じて社会的出来事を意味づけ、評価し、それによってある種の価値観を社会に提示している。他方、ニュース・テクストの読み手、すなわちオーディエンスは、そのテクストを理解し、解釈することを通じて、つまりはニュース・テクストの受容という行為を通じて、意識的か否かは別にして、社会的出来事、さらにはそれにかかわる価値観についての評価を行っている。一般には、ニュース・テクストの生産・受容過程における、意味づけ、理解、解釈、そして評価は、多様な価値観のもとで行われていると考えることが可能である。

しかし、ニュース・テクストの実際の生産や受容という行為、その際に行われる意味づけや評価などを見るならば、必ずしもそこに多様な価値観が反映されるとは限らない。ある価値観が支配的になると、それとは異なる価値観は排除されるか、潜在化するというケースも多々見られる。その場合には、ニュース・テクストの生産と受容というのは、本来多様なはずの価値観が競合あるいは対立し、それが一様化していく過程という観点からの考察が可能になる。こうした観点からニュース・テクストを分析すること、それが「メディアの中の政治」という言葉に込めたもうひとつの意味である。

以上述べてきた問題意識をもとに、本書は構成されている。第1章「ジャーナリズムと権力」は、本書の理論的な基盤を提示した内容となっている。ジャーナリズム、権力、民主主義、世論といった概念についてあらためて論じ、それらと集合的記憶、ニュースの物語との関連を中心に検討を行っている。第2章「ニュースの物語分析」では、言説分析、とくに間テクスト性と言説実践を通じたニュースの物語の分析を試みている。そこでは、「大きな（メタ）物語」とニュースの物語との関連、すなわちニュースの物語の重層性という観点が重要な位置を占めている。第3章「メディア・フレームと社会運動」では、まずメディア・フレームに関して、ジャーナリズム論や言説分析など、いくつかの角度から考察を加えている。その後、メディア・フレーム（論）と社会運動（論）を交錯させながら論じている。これら三つの章は、本書のいわば理論編にあたる。

その後の四つの章は、そうした理論的考察を踏まえながら、事例分析を行っている。第4章「世論調査という「権力」——自衛隊のイラク派遣を中心に——」では、二〇〇三年の自衛隊のイラク派遣問題を事例として、とくにマス・メディアが実施し、公表する世論調査というメディア・テクストが有する権力的側面について検討を行っている。第5章「水俣病報道の「物語」——一九五〇年代後半のニュース・バリュー——」では、おもに一九五〇年代後半に水俣病をめぐる一連の出来事が物語化される過程と、それによるこの事件の意味づけに関して、当時の日本社会を席巻していた経済発展優先という支配的価値観との関連から批判的に論じている。第6章「水俣病報道と労働運動——「チッソ安賃闘争」を中心に——」も、やはり水俣病事件報道を対象としているが、ここでは一九六〇年代前半、水俣に関する報道がチッソの安定賃金闘争という労使紛争に重きを置くことで、水俣病事件が社会的に潜在化した過程に関して考察を加えている。第7章「沖縄地方紙がつむぐ「記憶の網」——

「慰霊の日」の新聞報道――」では、「慰霊の日」をめぐる新聞報道に関して沖縄の地方紙（琉球新報と沖縄タイムス）を中心に分析を行い、沖縄の基地問題との連関によってこの日の意味づけが行われている点を明らかにしている。

これらの事例は、いずれも現在進行形のものである。イラクはいまだに紛争のただなかにある。日本社会では、イラクに大量破壊兵器が存在していなかったことが明らかになったにもかかわらず、自衛隊派遣の妥当性に関する論議が十分に行われてきたとは言いがたく、憲法改正論議も継続中である。水俣病事件にしても、さまざまな司法判断や行政措置は行われてきたものの、患者の救済が十分に行われてきたという評価を下すことはとてもできない。沖縄基地問題は東アジア情勢、あるいは日米安全保障条約という国際政治の力学の中で翻弄され続け、基地撤去はもちろんのこと、基地縮小もあまり進んでいない。その一方、米軍の事故や米兵の犯罪は生じ続けている。こうした政治社会状況の中で、これらの問題や争点に関するニュース・テクストはいまも生産され、受容されているのである。

本書は、ニュース・テクストの言説分析や物語分析の意義と有用性を検証するだけでなく、事例分析でとりあげたこれらの社会問題の緊張感を伝えるという目的もあわせもっている。こうした意図が読者に伝わったならば、本書を執筆した目的は達成されたことになる。

メディアの中の政治／目　次

第1章　ジャーナリズムと権力

1　はじめに——ジャーナリズム論の基点

マス・メディアを主な対象として展開されてきたジャーナリズム論は、日本社会ではこれまでおおむね二つの立場から批判されてきた。一つは、そうした研究がジャーナリストやジャーナリズムの現場に届いていないという批判である。あるいは、たとえ届いているにしても、その有用性があまり認められないという批判である。これはおもに、ジャーナリストやマス・メディアなどから寄せられてきたものである。その一方で、ジャーナリズム論は日々生じる現実の問題に振り回され、確固たる分析枠組みや理論的基盤を十分にもっていないがゆえに、研究領域としては未成熟な段階にとどまっているという、もう一つの批判もある。この批判の多くは、関連する領域の研究者によって行われてきた。ジャーナリズム論は、ジャーナリズムとアカデミズムの双方から批判され、それらのあいだで揺れ動いてきたと言える。

本章では、これら二つの立場からの批判を踏まえつつ、「ジャーナリズムと権力」という問題設定を行い、独自の視点からジャーナリズム論の展開を試みることを意図している。ジャーナリズムとは、社会的出来事に関する報道、解説、論評といった社会的な活動、ないしはそうした活動を行う組織（マス・メディアなどのニュース・メディア）を指すものと一般に理解されているが、本書もそれを踏襲する。その場合、ジャーナリストが活動する場は、新聞、放送、雑誌、そしてインターネットなどが想定される。

ジャーナリズムが果たす機能に関しては、かつて以下に示す三つのモデルに要約され、提示されたことがある（Street 2001: 152-61, 参照）。第一は、「観察者としてのジャーナリズム」というモデルである（観察者モデル）。この場合、ジャーナリストの仕事は、他者の経験を客観的な観点から観察し、中立・公平を旨として報じることと見なされる。この考え方は、ジャーナリストの教育マニュアルと行動規準を通じて普及してきた。典型的には、意見と事実、および論評と報道とを厳密に区分することなどがこれにあたる。第二は、「主観主義者としてのジャーナリズム」というモデルである（主観主義者モデル）。このモデルは、「観察者」モデルとは対照をなす。すなわち、すべてのニュースはある一定の視点に立って報じられると考え、ニュースには必ず何らかの「偏向」が含まれると見なすのである。第三は、「構造化された活動としてのジャーナリズム」というモデルである（構造モデル）。このモデルは、上記二つのモデルとは異なる視点に立つ。ここではニュースとは、記者個人の価値観や技能、あるいは専門家としての行動規準の産物という見方よりも、ニュースの生産過程を構造としてとらえ、その産物としてのニュースという観点を優先させる。このモデルによるならば、さまざまな力が働く中で、出来事の構成要素が選択され、さらには編集・整理され、その結果報じられたものがニュースということになる。したがって、ニュースを理解するには、それを生産し、組織化する構造、たとえばジャーナリズム内部の階層構造や支配的価値観に関して調査研究を行う必要があるというのが、この構造モデルの主張である。

ここでいう観察者モデルと主観主義者モデルは、規範的観点に立ってジャーナリズムについて論じるものだと言える。すなわち、「観察者」あるいは「主観主義者」という、ジャーナリズムのあるべき姿を掲げながらその活動を評価するという観点に立つモデルである。それに対し構造モデルでは、出来事がニュースに変換される過程、すなわちニュースの生産過程そのものに着目し、より分析的にジャーナリズム研究を行うことが意図されている。

以下では、これら三つのモデルを念頭に置きながら、ジャーナリズムに関していくつかの観点から考察を試みる。その際、権力概念を重視しながら論を進めることにしたい。その理由は、権力概念がジャーナリズム論にとってきわめて重要な意味をもつと同時に、実際にジャーナリズム論の中ではつねに参照され、重視されてきたことによる。逆から見れば、権力概念に関する検討を行うことなく、ジャーナリズムについて論じることは困難だと考えるからである。

2　ジャーナリズムの任務

「ジャーナリズムと権力」という問題設定から、はたして何が連想されるだろうか。即座に思い浮かぶのは、「(国家) 権力を監視し、それを批判するのがジャーナリズムの本来の任務であり、使命である」という主張であろう。あるいは、「近代社会ではジャーナリズムは権力エリートとして機能しており、それゆえに自らの社会的影響力を強く自覚し、高い倫理性を備えるべき」という主張も思いつくに違いない。そこでまず、日本のジャーナリズムの現場から提示された規範的な見解の中から代表的なものを示しておく。

自由なジャーナリズムは権力に対する番犬となり、社会正義の実現をはかる。民主主義に不可欠な公的情報を社会に伝達して民衆の「知る権利」に応え、地域から地球まで環境を監視する（原 1997：iii，傍点引用者）。

ここで権力という用語が示しているのが、政治的、経済的、文化的な面で多くの資源（金銭、社会的地位、情報など）を有する「権力者」、中でも政治家や官僚などの政治エリート、あるいはそうした権力者が属する権力機関であることは明らかである。権力者や権力機関を監視し、批判すること、それこそが自由な活動を保障されているジャーナリズムの主要な任務であるというのがここでの主張である。この主張に対して異論をはさむことはできないし、はさむべきではないであろう。

ただし、これまでさまざまな領域で論じられ、展開されてきた権力論を参照し、権力概念をジャーナリズム論の文脈に据えてみるならば、後に論じるように、こうした理解がきわめて単純化され、限定されたものであることがわかる。その一方で、先に示した権力に対する規範的観点からの批判的なとらえ方、そしてそこから導き出されるジャーナリズムの社会的役割に関する見解は、日本のジャーナリズム論のみならず、マス・メディア、マス・コミュニケーション、ジャーナリズムを対象とした研究の中では幅広く共有されてきたのもまた事実である。たとえば、かの有名な「プレスの自由に関する四理論」の中の「（伝統的な）自由主義理論」は、プレスの任務として以下の五項目を掲げている（シーバートほか 1956=1959：133，一部訳改変）。

①公的問題に関する情報や討論、あるいは論争を提供することによって政治システムに奉仕すること。
②自らの判断で自己決定を行うように一般市民を啓発すること。
③統治機構に対する番犬として働くことによって、人々の権利を守ること。
④おもに広告媒体を通じて、商品ならびにサービスの買手と売手を結びつけ、それにより経済システムに寄与

することと。

⑤特定勢力の利益から圧力を受けないように、財政的自立を維持すること。

ここでもやはり、経済的に独立し、自立した組織であることを前提として、一般市民に対する情報の提供、そして統治機構の監視、それこそがジャーナリズムの基本的な任務かつ使命であることが主張されている。ただし、ジャーナリズムがこうした役割を十分に果たすためには、国家という社会が民主主義体制をとることが前提条件となるのは当然である。同時に、ジャーナリズムが前掲のような本来の役割を十分に果たすことが、民主主義にとって不可欠という見方も一般にとられている。なぜなら、権力者や権力機関が監視されることは民主主義にとって必要条件だからである。ちなみに、日本新聞協会が二〇〇〇年に制定した「新聞倫理綱領」には次のような一文がある。

国民の「知る権利」は民主主義社会をささえる普遍の原理である。この権利は、言論・表現の自由のもと、高い倫理意識を備え、あらゆる権力から独立したメディアが存在して初めて保障される。新聞はそれにもっともふさわしい担い手であり続けたい。

この綱領では、こうした決意のもとに「自由と責任」、「正確と公正」、「独立と寛容」、「人権の尊重」という、新聞ジャーナリズムが果たすべき責務が述べられている。新聞を含め、日本のジャーナリズムが多くの批判を浴びてきたのは、これらの責務を十分に果たしてこなかったことによるという説明が通常は行われてきた。そして、一般市民のみならずジャーナリズムの側もこうした説明を受け容れてきたと言える。

ジャーナリズム批判はまた、「メディア政治」、あるいは「テレビ政治」の時代において、「観客民主主義」の傾向が一段と進んだことに対しても鋭く批判してきた。以下の指摘は、その傾向を十分に認識しつつ、ジャーナリズムが「参加民主主義」へと道を切り開く先導的な役割を担うべきという規範的な主張にほかならない。

「不偏不党」「公平」を突き抜けて真実に迫り、観客民主主義から参加民主主義への道を切り開くために、新聞も放送も大きな転換期に来ていると思う（原 1997：124）。

ここでは、ジャーナリズムは「不偏不党」、「公平」といった行動規準を超え、より積極的に参加民主主義の発展に寄与すべきということ、そして民主主義という政治システムが制度的に確立されただけでは不十分であるという見解が示されている。「参加民主主義」の一層の進展という、民主主義の質が問題にされているのである。

しかし、この指摘も含め、奇妙なことに日本社会で展開されてきたジャーナリズム批判が、民主主義という体制や制度それ自体に関して明確なかたちで言及することはまれであった。権力についてと同様、民主主義に関しても十分な検討が行われないままに、日本のジャーナリズム批判は展開され、それがジャーナリズム論として大きな影響力を有してきたのである。換言すると、拠って立つ理論や概念が明確に検討されないまま、ジャーナリズム批判は繰り返し行われてきたと言える。そこで本章では以下、ジャーナリズムとの関連を中心に民主主義と権力の問題について、いくつかの観点から検討を行うことにしたい。

3　民主主義と権力のとらえ方

ここではまず、ジャーナリズムを取り巻く環境の中で最も重要な要因のひとつと言える政治、さらには政治体制について検討してみる。政治の機能に関しては、次のようなとらえ方が一般的である。それは、「社会に存在する複数の異なった意見、あるいは対立する考え方や利益を調整し、安定と秩序ある社会を作り出すこと」という見解である（阿部ほか 1967：7．参照）。

これは社会統合という統治の側面に力点を置きつつ、政治の機能について論じたものである。この種の見解は、次には政治のこうした機能を誰が担うのかという問いを導き出すことになる。この問いに対する理念的かつ実践的な解答の試みのひとつが民主主義である。民主主義という政治体制においては、ほかの政治体制（たとえば全体主義）とは異なり、社会統合という政治の機能は政治エリートや権力機関と一般市民との合意の上に立って、あるいは一般市民の同意を得ながら推進されることが想定され、また前提とされている。それと同時に、近代国家という単位で成立している民主主義社会では、立法・行政・司法の各領域における公的な政治エリートが、社会の統治機能の中心的存在であることが制度的に認められ、正当化されている。

こうした仕組みを備える民主主義社会の成立や発展を先導してきたのが、近代国民国家という枠組みのなかで発達してきた欧米型民主主義であることは周知の通りである。そこから民主主義は、国民国家レベルのナショナリズムによって強く規定された「ナショナル・デモクラシー」という特質を備えると同時に、法の支配（立憲主義）、三権分立、政教分離、代議制（議会主義）、複数の政党制、官僚制、選挙制と投票制、国民の基本的人権といった、種々の統治上の仕組みを創出する必然性を帯びることになった（千葉 2000：26）。

このように、近代（あるいは現代）社会における民主主義の基本単位は国家である。むろん近年、グローバリゼーションの進展により、国境を超えた人、モノ、情報の流れが加速し、国家の統治能力に対する疑問は高まってはきた。とはいえ、国家の存在とそれが果たす役割は依然として大きい。国家は統治の基本単位であり、国民に対してさまざまな影響力を行使する諸組織、すなわち国家機構を備えている。国家機構は、暴力（軍や警察など）、金銭（税金など）、そして専門知識や情報などの権力資源を相対的に豊富に所有することで、国民を統制し、支配する。それと同時に、さまざまな公的サービスを提供することを通じて国民生活を保障するという側面も有している。国家機構と比べると、一般市民、そして民間の諸集団の権力資源は概して相対的に乏しく、それらの社会に対する影響力も限定されている。

しかしその一方で、一般の国民はさまざまな手段によって国家機構の活動に影響力を及ぼしうる。すなわち、一般市民による権力の行使が可能な政治体制、それが民主主義なのである。民主主義の成立要件としては、以下の項目が掲げられたことがある（ダール 1991=1999：106–108）。

①政府の政策決定についての決定権は、憲法上、選出された公職者に与えられる。
②選出された公職者は、ひんぱんに行われる公正で自由な選挙によって任命され、また平和的に排除される。
③実質的にすべての成人は、選挙での投票権をもつ。
④ほぼすべての成人はまた、選挙で公職に立候補する権利をもつ。
⑤市民は表現の自由の権利をもつ。それは現職の指導者や政権党への批判や異議申立てを含み、司法・行政官僚によって実質的に擁護されていなければならない。
⑥市民は情報へのアクセス権をもつ。情報は、政府その他の単一組織によって独占されてはならず、またそれ

へのアクセスは、実質的に擁護されていなければならない。

⑦市民は政党や利益集団をはじめとする政治集団を設立し、またそれに加入する権利をもつ。

民主主義社会ではこれらの要件は法制度的に保障され、また実践される必要がある。この中で、ジャーナリズム論との関連でとくに注目されるのは、⑤表現の自由と、⑥情報へのアクセスである。というのも、ここでは、それらの権利を有するのは一般市民とされているが、近代社会においては実際にはジャーナリズムが一般市民のかわりに、あるいは一般市民の代表として、こうした権利を行使する機会が多いからである。

民主主義社会では、選挙にかかわる諸権利と同時に、ここでも指摘されているように、市民（国民）は自らの主張や利益を集約する政治集団を設立し、それに参加することを通じて、一連の政策過程、すなわち「政策課題の形成」、「政策形成」、「政策決定」、「政策執行過程」、「政策評価」の各段階において影響を及ぼす可能性をもつことが保障される必要がある（大森 1979：132，参照）。そして、これら各段階においても、表現の自由と情報へのアクセスという権利を行使することで、ジャーナリズムは政策過程に大きな影響力をもつことになる。民主主義社会とは、こうしたジャーナリズムの機能を前提としながら、国家機構と市民（国民）が相互に権力を行使しあうことが法制度的に保障され、両者がそれを認識し、正当と考え、程度の差はあれ実践している社会なのである。

ただし民主主義というシステムは、実際には制度面のみならず、おのおのの社会・文化の文脈に応じて実に多様な形態をとり、展開を見せてきた。そこから各国社会の民主主義の実態を調査研究し、比較する研究、すなわち比較政治学が生じ、さらには民主主義の多様性を説明するために政治文化に関する論議が活発化し、多くの研究成果をあげてきた。

その一方で、ここで重視すべきは、近代社会においては多くの国民が自らの所属する国家という社会に対する帰属意識（国民的アイデンティティ）を抱くという点である。そうした国民的アイデンティティの基盤となるのが、国民国家のレベルで成立している支配的文化、すなわち国民文化である。国民文化とは、地域、宗教、民族、言語、世代などを基盤として成立している多種多様な下位文化を国家レベルで統合する役割を担うものである。ここで重要なのは、第一に、国民文化が国家の中核に位置する「都市（とくに首都）」を中心に成立し、権力資源を豊富に有する一群の集団によって担われる傾向が強いことである。したがって第二に、通常は下位文化よりも国民文化のほうが有力であり、そうした文化間の階層関係が支配・従属関係に容易に転化することである。ここに国民文化の有する権力的側面を見出すのは容易である。ただし、それゆえに下位文化は国民文化のみならず国家機構に対する異議申し立て、あるいは抵抗の基盤となる例も数多く見られてきたのもまた事実である。第三に、制度化されたさまざまな仕組み、すなわち儀礼、慣習、さらには常識といった価値観を通じて国民文化や国民的アイデンティティが日常生活の中で、（多くの場合、無意識のうちに）再生産されていることであり、それが国家の社会秩序の維持や安定に寄与しているという点である。

このように把握される国民文化が形成され、再生産されるにあたり、マス・メディアは大きな役割を果たしてきた。というのも、マス・メディアは国家社会の構成員のあいだで情報を共有させる役割を担ってきたからである。それは、国民文化の中核に位置するとも言える「国語」の普及という役割にとどまらないのは当然である。新聞や放送などのニュース・メディアは、社会的出来事を報道、解説、論評することで社会に関する「現実」を構築し、それに関する意味づけや評価に大きな役割を果たしてきたのであり、その点は国民文化との関連からすると大いに強調されるべきであろう。

これまで民主主義をおもに国民国家と関連させながら論じてきたが、つぎにいくつかの政治理論や社会理論を参照しながら、さまざまな文脈で用いられている権力（概念）について概観してみる。この概念については、とりあえず以下のように分類して論じることが可能であろう。

①一般に、社会で行使される「影響力」が権力と呼ばれる。すなわち、権力は一定の社会関係の中で、他者、あるいはほかの集団に対して行使されるととらえられるのである。たとえば、政治エリートが一般市民に対して行使する影響力、それを権力と呼ぶことができる。この場合、人々を説得し動員する、また世論を操作するといった影響力が権力と見なされる。

②社会に対して影響力を行使できる個人や組織が、「権力（者）」、「権力機関」あるいは「権力行使主体」などと呼ばれることがある。すなわち、一般市民に対して影響力を行使する可能性が高い政治エリートといった個人、その集合体である組織が権力、あるいは国家権力ととらえられることになる。

権力行使主体が影響力をもちうるのは、先の国家機構に関して述べたように、さまざまな権力資源を有するからである。たとえば、政治エリートが市民に対して影響力を行使できるのは、一連の政策過程、さらには国家の意思決定に直接に参加するための資源、たとえば制度的な権限や社会的地位といった資源を比較的豊富に所有しているからにほかならない。また、それに関連する専門的な能力や情報といった資源も相対的に豊富に所有しているからである。

ここでは権力という用語あるいは概念には、権力資源を活用して行使される「影響力としての権力」、そして権力資源を有する「権力行使主体」という、二つの意味が含まれることをまずは確認しておきたい。なお権力資源に注目した場合、権力は「経済権力（徴税・予算配分など）」、「政治権力（政治制度・組織など）」、「強制権力（警察・軍隊など）」、「象徴権力（メディア・情報など）」という四つの形態に分類できるが（Thompson 1995; 大石 2005, 参照）、国家機構というのは概して、これらの領域ではほかの組織よりも優位な立場にある。そして、そのことが制度化され、正当化されている。それゆえに、国家機構は社会を統制することが可能なのであり、逆にそうした優位性が変化、さらには崩壊した場合には、社会不安が生じ、社会の変化が急速に進み、政治体制は変容することになる。

また、ここで注意すべきは、「影響力としての権力」という観点を採用することにより、目に見えるかたちでの権力行使、すなわち顕在的な権力行使のみならず、以下で論じるように潜在的な権力行使の状況すなわち「不可視の権力」も研究対象となるという点である（Lukes 2005; 大石 1998, 参照）。この視点は、つぎに検討する「ジャーナリズムと権力」という問題にとってもきわめて重要となる。

4　ジャーナリズムと権力（1）――政治エリートとの関係

先に、民主主義の多様性を説明するための代表的な研究として政治文化論を掲げた。民主主義社会におけるジャーナリズムについて考察する場合も同様である。すなわち、おのおのの国家や社会に特有な文化（さらには政治文化）、そして民主主義の制度や仕組みを考慮しながら、ジャーナリズムについても論じる必要がある。それぞれの社会や文化の文脈の中で、あるいは個別の政治環境の中で、ジャーナリズムは機能しているからである。したがって、それぞれの国家や社会において活動しているジャーナリズムについては、それらを一律に論じることはできないし、単純な比較も慎まなければならない。

とはいえ、先進産業社会のジャーナリズムは、少なくとも民主主義という共通の理念の枠の中で機能し、民主主義という政治システムの発展に資することが標榜され、期待されてきた。それと同時に、ジャーナリズムはこうした政治システムを再生産するという側面も有してきた。その意味では、先の権力の分類に拠るならば、ジャーナリズムは「象徴権力」として機能してきたのであり、さまざまな批判を浴びながらも、ジャーナリズムは民主主義社会の中でその安定と発展のために一定の役割を担ってきたと言える。ジャーナリズムを「象徴権力」と見なすことは、以下の視点を導き出すことになる。それは第一に、ジャーナリストを権力者、そしてマス・メディアに代表されるジャーナリズムの組織を権力機関として、すなわち権力行使主体と見なすことである。第二に、権力行使主体としてのジャーナリスト、そしてジャーナリズムが、以下に示す権力資源を用いて社会的な影響力、すなわち権力を行使しているととらえられることである。

ジャーナリズムの権力資源としてまずあげられるのが、マス・メディアの存在である。マス・メディアに属するジャーナリストは、影響力が強く、また社会的な信頼度が比較的高いマス・メディアという手段を用いて一般市民に情報を伝達することが可能であり、それを専門の職業としている。しかしその一方で、周知のように、マス・メディアはさまざまな問題を引き起こし、多くの批判を加えられることで、その信頼度を低下させてきた。また、インターネットの普及により、権力資源としてのマス・メディアという評価も低下してきたという指摘も数多くなされてきた。とはいえ、社会における情報の共有という観点から見ると、相対的な地位は低下してはきたものの、マス・メディアに対する評価は概して高く、影響力もいまだに比較的大きいと言える。くわえて、マス・メディアのジャーナリストが、国家機構や政治エリート、あるいは経済エリートといった情報源に対するアクセス可能性がきわめて高いこと、すなわちジャーナリズムの社会的地位や社会的評価も影響力の源になっている点も重要である。さらには、マス・メディアで組織的に継承されている、入手した情報を報道、解説、論評といった形式で社会に向けて発信するための専門的な技能や技術も、ジャーナリズムの有力な権力資源と言えるであろう。

以上の説明は、権力行使主体としてのジャーナリズムという観点に立つものである。この観点に立つとジャーナリズムは、政治エリートや一般の人々の認識、意見や態度、行動に対して権力を行使しうる組織や個人、ないしはその活動と見なされることになる。とくに政治エリートが、マス・メディアの報道、解説、論評を予期しながら自らの言動を調整、さらには修正するという状況はごく一般的に観察される。これは、ジャーナリズムから政治エリートに対して行使する「不可視の権力」のひとつの形態と言える。

その一方、ジャーナリズムを権力を行使される対象（客体）と見なすことも当然できる。たとえば政治エリートは、情報源としてジャーナリズムに対してさまざまな情報を日々提供することを通じて権力を行使している。放送は、多くの国では免許事業であることから、こうした政治エリートによる権力行使は制度化されており、新聞などと比べ統制される度合いはかなり大きくなる。ただし、こうした政治エリートなどの情報源とジャーナリストの関係が必ずしも緊張関係のみによって成立しているわけではない。なぜなら、以下の指摘にもあるように、両者のあいだには一種の互恵関係が存在すると見ることも可能だからである。

> 情報源とゲートキーパー（ニュース・メディアの記者や編集者）は、互恵関係を築くことでいずれも利益を得ている。というのも、情報源はマス・メディアを通じて標的とするオーディエンスにアクセスできるし、ゲートキーパーの側も日常的に信頼できる情報提供者にアクセスできるからである（Shoemaker and Vos 2009: 85, カッコ内引用者）(1)。

それに加えて、新聞読者やテレビ視聴者、そしてラジオ聴取者といったオーディエンスは、さまざまなかたちでジャーナリズムが提供する情報に反応することで、ジャーナリズムに影響を及ぼしている。ジャーナリズムが引き起こした不祥事に対してオーディエンスが厳しく反応するというケースも多々見られる。とくに、ソーシャル・メディアを通じたジャーナリズム批判は現代社会では日常化している。ジャーナリズムの側も、政治エリートやオーディエンスの反応を事前に予測し、それを参照しながら日々活動するのがつねである。このようにジャーナリズムに対しても、可視的な権力はもちろんのこと、不可視の権力がさまざまな形態で行使されているととらえられるのである。

以上の点に加え、政治エリート、オーディエンス、ジャーナリストを含む社会の構成員が、無意識のうちに社会の支配的な価値や規範を自ら採用し、内面化し、そして自発的に服従するというケースもここで言う「不可視の権力」の行使に相当することは重要である。この観点に立って権力行使という問題に関して論じる場合、これまで用いてきた「主体‐客体」という図式は意味をもたなくなる。というのも、社会における合意形成、そして社会の維持・発展というメカニズムの中にも権力は見出されることになるからである。こうした視点は二〇世紀後半のアメリカのマス・メディアと政治社会を主たる対象とした、チョムスキーらの以下の批判的な診断に象徴される。

> アメリカのマス・メディアは、体制擁護のプロパガンダの機能をはたす効果的で強力なイデオロギー機構であり、それを支えているのは、市場要因、前提への順応、自己検閲などであって、あからさまな強制はほとんどない（チョムスキー＆ハーマン 2002=2007：220）。

この指摘にもあるように、「あからさまな強制はない」場合でも、ジャーナリズムは通常は社会の支配的価値観の枠内で報道、解説、論評を行い、その作業を通じて支配的価値観の再生産や更新に寄与すると見なすことができる。そして、オーディエンスの側もそうした活動を行うことをジャーナリズムに期待し、あるいは予想し、自らもジャーナリズムが提供する情報を受容する過程で、社会の支配的価値観の再生産、あるいは更新という作業に加担しているのである。

5　ジャーナリズムと権力（2）——マス・メディア組織・業界とジャーナリストとの関係

マス・メディアの多くは民間企業として活動し、利益を生み出すことで組織を維持している。そのため、いわゆる営利（商業）主義が組織の基盤に存在することは確かである。しかし、たとえば実際のニュースの生産過程を見ると、営利主義が個々のジャーナリストの活動に直接に作用するというよりも、あるいは先の言葉を借りれば「あからさまな強制」がない場合でも、営利主義という価値をマス・メディアが組織レベルで取り込むかたちで、ニュースとなる出来事、そしてニュースの内容が決定され、編集されているととらえるほうが適切だと言える。それゆえに、どの出来事に報道する価値を認めるか、どの程度の紙面あるいは時間をさいてその出来事を報じるべきか、さらにはニュースの順序をどうするかといった判断基準、すなわち「ニュース・バリュー」の問題がジャーナリズムの中心に位置することになる。

したがって、「ジャーナリズムと権力」という問題設定を行う場合、ニュース・バリューを軸にすえて検討することがきわめて重要になる（大石 2005，参照）。ニュースの生産過程を見るならば、ニュース・バリューには以下に示す異なる二つの基準があり、それらはジャーナリズムの行動原則と深くかかわっている。

第一に、ほかのジャーナリストやメディアが報道しない出来事や事実を伝えること、すなわちスクープ（特ダネ）重視という行動原則がジャーナリズムには存在することがあげられる。これにより、個々のジャーナリストの間、そしてニュース・メディア間での競争が促進される。ただしスクープといっても、それは以下に示すように、いくつかの型に分類することができる。

①すでに多くのメディアが報道し、社会で話題になっている出来事や事件に関して、ジャーナリストが新たな「事実」を発見し、報じる場合。
②出来事や事件それ自体が社会で知られていない段階で、ジャーナリストがその出来事や事件の重要性をいち早く認識し、報道する場合。
③過去の出来事や事件に関して、これまで社会で当然視され、常識となっている見方を覆すような事実を発見し、報道する場合。この種の報道は、たとえば調査報道、ニュースの特集枠、あるいはドキュメンタリー番組の中で行われることもある。

ここでいう②と③の型に属するスクープは、既存のニュース・バリューを揺さぶり、変化させることがある。こうした変化が、社会の価値観の分布、あるいは支配的な価値観に影響を及ぼすこともある。また、ほかのメディアが、この種のスクープに追随して、ときには新たな事実を付け加えながら報道することも当然ある。

ジャーナリズムの第二の行動原則としてあげられるのが、ほかのジャーナリストやメディアと同じ出来事を報道すべきという原則である。これは先のスクープ重視とは正反対の行動原則であり、日本では「横並び報道」などと呼ばれる。この行動原則に反してほかの多くのメディアが報じた重要な出来事を報道しなかった場合、それは日本では「特落ち」と呼ばれ、ニュース・メディアの組織や業界では大きな失点と見なされる。それが、横並び報道やメディア・スクラムを増加させる主要因だと言える。ただし、この行動原則にしても、社会で生じた重要な出来事や事件をできるだけ多くの人々に知らせるという観点からすると相応の妥当性をもつという評価も可能ではある。

日々の新聞紙面やニュース番組を見ると、概して「横並び報道」の原則が採用される傾向が高いように見える。個々のジャーナリスト、そしてニュース・メディアは、たしかにオーディエンスを意識して活動してはいるものの、それと同等に、あるいはそれ以上に自らが属するメディアやほかのメディア、そしてジャーナリズムの業界の評価を意識しながら活動している。横並び報道の場合、情報源が同一であることが多い。この種の報道が行われると、後述するように、ひとつの、そして多くの場合感情的な意見が雪だるま式に膨れ上がり、支配的世論が短時間のうちに形成される傾向が強くなる。

これらの行動原則に加えて指摘しておきたいのは、マス・メディアではニュース・バリューが取材体制として「制度化」されているという点である。たとえば、国際的に影響力の強い国家、あるいは自国との結びつきの強い国家の主要都市には、多数の特派員が常駐している。また、日本の記者クラブに象徴されるように、国内においても社会的影響力の大きい機関や組織（議会、官公庁、警察など）には多数のジャーナリストが配置されている。その結果、情報源の多様性が減退し、マス・メディアが報じるニュースの類似性が高まることになる。

制度化のもうひとつの側面は、前述した専門的な能力に関連するものである。その象徴が、「客観報道」、あるいは「公正・中立」という報道上の規範、あるいは志向性である。ジャーナリストは、自らの取材を通して事実を収集し、限られた時間内でそれらの事実を編集して、可能な限り客観的、あるいは公正・中立な報道を行うことで社会的な信用や信頼を獲得しているという側面をもつ。ここで言う客観報道とは、「報道を行う際に自らの主張や価値観を抑制する」ことを前提として、①意見と事実との分離、②論争に関する均衡のとれた説明、③信頼ある人物に依拠することによる報道の確証、を要件とするものである（McNair 1998: 68-72）。客観的で公正・

中立な報道と見なされないと、それは偏向報道と評価され、批判の対象となる。こうした制約は、一般に社会的影響力が大きいと考えられているマス・メディアのジャーナリズムに対して強くなっている。とくに、放送ジャーナリズムに対しては、この種の制約は放送法などによって法制度的に定められている場合が多い。

ジャーナリストは組織や業界に適応する過程でニュース・バリューを身につけ、一定の取材体制の中で情報収集を行い、くわえて客観報道、さらには公正・中立といった報道姿勢を重視しながら活動している。こうした報道の仕方は、ジャーナリズムが社会に影響力を及ぼすのに必要な権力資源を確保するための一種の「作法」とも言える。しかし、ジャーナリズムのこうした活動の中にさまざまな権力作用が見てとれるのも事実である。ジャーナリストのあいだで、そしてマス・メディア組織や業界の中で共有され、そこに埋め込まれている規範や価値、そして慣習や作法が、ニュースの生産過程で強く作用するのであり、そうした状況をジャーナリストやジャーナリズムに対する構造的（かつ多くの場合、不可視の）権力行使と見なすことも可能である。

6　ジャーナリズムと権力（3）——世論との関係

これまで述べてきたように、民主主義社会は政治家や官僚などの政治エリートが行うさまざまな決定に対して、一般市民の意見が反映されることを前提に成立しており、さまざまな影響を受けながらもその中でジャーナリズムは非常に大きな役割を担っている。ここで言う一般市民の意見の集合体、すなわち社会的な出来事や問題・争点に関する一般市民の意見の集合体、それが世論と呼ばれている。そして、周知のように政策過程に対する世論の影響力の大きさが民主主義社会の制度的、あるいは運用上の大きな特徴となっている。そこで以下では、ジャーナリズムと権力という問題に関して、世論という概念およびその機能との関連を中心に、いくつかの観点から考察を試みる。

まず強調すべきは、意見の集合体としての世論が一つとは限らないという点である。というのも、民主主義社会では、人々の意見、そして利害が多様であることが前提され、また多様な価値観の存在が承認、あるいは奨励されているからである。それでは各人が抱く意見は、どのような過程を経て世論となり、政治エリートの意見や政策過程に対して影響を及ぼすと考えられているのだろうか。この問題については、かつて次のように説明されたことがある（Splichal 1999：34）。

①一群の人々がある問題に注目する。
②この問題に関する議論が生じ、それにより問題が社会的に顕在化し、公的な争点となる。
③議論の参加者は、この問題を解決するために複数の案をつくり、その後それらの案を絞り込む。
④絞られた案に関して広く合意が形成されることがある。その合意は、選挙や国民投票といった多数決による決定に対して、あるいは政策決定を行う政治家や官僚が世論の強さを評価する際に、影響を及ぼす可能性がある。

この説明は、ある問題に一群の人々が注目し、それについて意見を有し、議論を行い、その結果合意が形成されるという合理的かつ動態的な過程として世論を描いている。また、そうした世論が政策過程や政策決定に影響を及ぼす過程も簡略に示している。ただし、「注目」、「議論」、「合意」といった一連の過程については慎重に考察する必要がある。というのも、実際の世論過程を見るならば、それは必ずしも理性的な討議、すなわち「熟議」を経た合理的過程とは言えないケースが多いからである。世論過程とは「相対立するものや矛盾するものを同時的かつ重層的に包み込む」過程であり、それはまた「合理性と非合理性、能動性と受動性、理性と感情、真実と誤謬、多数意見と少数意見、意見の一致と不一致、支配と抵抗といった二項対立軸に基づいて一元論的に切断されるよりも、両者の布置連関と交互作用のなかで揺れ動き、相互に浸透しあい、あるいは反発しあう力学的相互作用の絶えざる過程」（岡田 2001：111）ととらえられるのである。世論とは曖昧で、即座に変化する、まさに「生き物」なのである。

近年、「メディア政治」が一段と進展してきたこともあり、こうした感情的かつ流動的という性質をもつ世論に関しては、「輿論」との対比から概念的な見直しが行われるようになってきた。その代表的論者である佐藤卓己は、メディア史、ないしはジャーナリズム史の観点から、とくに「公共性」の問題と関連させながら「輿論（public opinion）」と「世論（popular opinion）」に関して以下のように整理したことがある（佐藤 2008：39）。

・「輿論」①定義―可算的な多数意見、②理念型―一九世紀的・ブルジョア的公共性、③メディア―活字メディアのコミュニケーション、④公共性―理性的討議による合意＝議会主義、⑤判断基準―真偽をめぐる公的関心、⑥価値―名望家政治の正統性、⑦内容―タテマエの言葉。
・「世論」①定義―類似的な全体の気分、②理念型―二〇世紀的・ファシスト的公共性、③メディア―電子メディアによるコントロール、④公共性―情緒的参加による共感＝決断主義、⑤判断基準―美醜をめぐる私的心情、⑥価値―大衆民主主義の参加感覚、⑦内容―ホンネの肉声。

この分類は、近代日本社会における世論のとらえ方を考えるうえでは示唆に富むものであるが、世論のもつこうした二面性、すなわちここで言う「輿論」と「世論」をめぐる対比や分類は、「市民・公衆（public）」と「大衆（mass）」という図式の中でこれまで数多く行われてきた。以下の分類はその一例である（Entman and Herbst 2001：205–10）。

①大衆の世論（mass opinion）　大衆の世論とは、世論調査、住民投票、選挙を通して明らかにされる諸個人の選好の集積であり、集約である。マス・メディアは、大衆の世論を形成するのに大きな力を発揮する。それは、ある特定の手法で争点をフレーミングし、また社会的出来事を報道する際に情報を限定することで行われる。ただし、大衆の世論とは（多くの場合、本質的に）不安定で見せかけのものであるがゆえに、動揺しやすい点は留意されるべきである。

②活性化した世論（activated public opinion）　活性化した世論とは、問題に深くかかわり、情報を多くもち、組織化された市民が抱く意見の集合体である。この世論は、選挙キャンペーン期間と同様、それ以外の期間においても活発になる。この種の世論形成にかかわる人々に対するマス・メディアの影響力は限られている。その理由は、これらの人々の意見が強力であること、またこの種の意見が熟慮のうえ形成されたもので、一貫性をもち、しかも深く感情に根づいた信念と結びついていることにある。

③潜在的世論（latent public opinion）　流動的かつ見せかけの世論は、大衆を対象とした調査によって明らかにされるが、その底流には一般市民の潜在的な選好が横たわっている。それがここで言う潜在的世論である。有力政治家は、世論の最も重要な形態と見なしうる、この潜在的世論をさまざまな手法で測定している。それはたとえば、世論調査、活性化した意見、同僚とのコミュニケーション、政治の場での経験といった手法である。さらに、最も曖昧な言い方をするならば、一般市民の価値観に対する政治家の直観もひとつの手法である。

④知覚された多数派（perceived majority）　ここで言う知覚された多数派とは、ある争点に関してジャーナリスト、政治家、一般市民といった観察者の大部分が多数派と認識する世論を指し示す。メディアは個々の一般市民の実際の感情に影響を及ぼさない場合もある。しかし、ニュースを通じて、社会に広範に存在すると知覚される多数派の意見が形成されるのは確かである。

この分類では、輿論と世論はそれぞれ「活性化した世論」と「大衆の世論」に相当すると言える。くわえて、「潜在的世論」や「知覚された多数派」といった形態の世論もここではあげられている。これまでの研究を振り返るならば、この分類に見られるように、いくつかの観点から世論の分類はすでに行われてきたのである。

それでは世論は、民主主義社会においてはどのようにして表明され、顕在化するのであろうか。第一に、民主主義の根本の制度と位置づけられる有権者の投票行動があげられる。選挙結果というのは、政党に対する支持を通じた政策に関する有権者の意見表明、すなわち合理的な選択の結果としての意見表明と見ることができる。しかし、選挙で表明された有権者の意見は、必ずしも特定の理念や政策、あるいは問題や争点に関する合理的な判断の結果とは限らないのは周知の通りである。とくに「メディア政治」が一般化した現代社会では、選挙結果が理念や政策、問題や争点だけでなく、マス・メディアなどによって形成される政党や党首のイメージに左右されることはすでに広く知られている。したがって、選挙結果をある特定の問題や争点に関する有権者の意見分布と見なすことは通常は難しい。ただし、それとは対照的に、たとえば地方選挙の場合にはある特定の問題や争点に関する地域住民の意見を問うことを主な目的として実施されることもある。さらには、ある問題や争点に関する賛否を有権者に直接問う「住民投票」は世論を知るための重要な手段と考えられる。

第二に、マス・メディアなどの言論機関によって表明される意見、それ自体を世論と見なすこともできる。この見方では、ある問題や争点に関して多くの専門的な情報や知識をもつジャーナリスト、そして専門家や識者が、一般市民の意見を考慮しつつも、独自の観点からそれを集約し、ときには代弁する機能を果たしつつ、世論形成を行っているととらえられることになる。この場合、マス・メディアは一般市民に対する情報提供や解説、そして（新聞では）社論の提示という形態をとるのが一般的である。また前述したように、ある問題や争点をめぐって世論が対立している場合には、マス・メディアはさまざまな意見が表明される場の提供、すなわち「フォーラム」機能を担いつつ、そこでの論議を通じて世論形成にかかわることになる。新聞の場合、ジャーナリストや有識者が行う解説や論評、そして読者の投書欄などがそれにあたる。ただし、そこで表明される意見にしても、新聞というマス・メディアが行う「編集」の枠内にあることは看過すべきではない。フォーラムの登場人物や、読者欄に掲載する意見や扱う問題や争点の選択を行うことも、むろん新聞ジャーナリズムの裁量の範囲内にある。くわえて、やはりメディア政治の観点からすると、テレビのニュースなどにおける記者や識者による解説やコメントも世論形成の有力な担い手であるが、たとえば「ワイドショー政治」という言葉に象徴されるように、そこでの世論形成に関してはこれまで厳しい批判が加えられてきた（藤竹 2002, 参照）。

それと関連して第三に、世論調査によって発見される世論が存在する。世論調査は、ある問題や争点に関する人々の意見や価値観について定期的に実施されるものと（たとえば内閣支持率の調査）、社会的な関心が高まった問題や争点について緊急に実施されるものとがある。日本社会の場合、世論調査の実施主体の多くは、行政機関、世論調査の専門機関、広告会社、シンクタンク、研究者、そしてマス・メディアである。ここでとくに問題にしたいのは、マス・メディアが実施する世論調査である。というのも、この種の調査は以下のような特徴を備えると見なしうるからである。それは、マス・メディアがその結果を自らのニュースや新聞紙面で公表することを前提として、設計し、実施するという点である。そして、世論調査結果、すなわち「一般市民」の意見分布を公表することで、世論という「現実」が社会的に構築され、構成されることになる。同時に、世論調査結果がマス・メディアの主張を支える、あるいは補強するというケースも数多く見られる（第4章参照）。

第四に、問題や争点の存在を広く社会にアピールし、問題の解決を目的とする社会運動も、世論を考えるうえでは重要な存在と見なしうる（第3章、参照）。なぜなら、これまで述べてきた世論は、選挙、住民投票、世論調査のいずれも、一般市民にとっては問題や争点を提示され、それに反応（あるいは回答）することで表明されるからであり、またマス・メディアの意見にしても一般市民は直接にはその種の世論形成には直接にはかかわらないからである。それに対して、社会運動の構成員は、自ら問題や争点を提起することで、世論形成に主体的にかかわる存在と見なすことができる。

民主主義社会においては、世論はおもに以上のような形態をとりながら表明され、顕在化している。これまで述べてきたように、世論過程に関与するのは一般市民だけではないのは当然である。前述した世論過程の各段階において、出来事や問題・争点の当事者、その解決を図ろうとする政治エリート、そしてマス・メディア（近年ではソーシャル・メディア）が重要な役割を果たしているのであり、それらと相互作用しながら、世論は形成され、変容していく。それが近代社会における世論過程の特質である。

現代社会では、世論形成の対象となる出来事がマス・メディアによって発見されるか、あるいはマス・メディアを通じて提起される場合がほとんどである。ジャーナリズムは、マス・メディアという回路を通じて、社会で論議され、解決されるべき問題や争点を設定する機能を担っている。これがジャーナリズム、あるいはマス・メディアのアジェンダ設定機能である。

ジャーナリストやマス・メディアが日々出来事を報道し、アジェンダ設定を行う際に依拠する基準、それが先に述べたニュース・バリューである。そして、これまでの説明から了解されるように、ジャーナリズムが担うアジェンダ設定機能とは、一般市民のみならず政治エリートに対しても影響力としての権力を行使することを意味する。ジャーナリズムのそうした権力行使は、社会に対して重大な影響を及ぼしてきた。というのも、ジャーナリズムが行う出来事や問題・争点の選択が、「現実」を社会的に構築し、構成することになるからである。各種メディアが普及した社会では、大多数の人々は、ジャーナリズムによって提供される情報をもとにして、自らの頭の中に「現実」を構築し、構成し、社会についてのイメージをつくりあげることになる。それとは逆に、ジャーナリズムによって選択されず、報道されなかった出来事や問題・争点は、その当事者以外の人々にとっては、「現実」として認識されることはまずない。

もちろん、「現実」を構築し、構成するというジャーナリズムの影響力は、出来事や問題・争点の存在を社会に知らせることだけにとどまらない。ジャーナリズムは、ある出来事や問題・争点を報道、解説、論評するという作業を通じて、ジャーナリスト自身が、あるいはマス・メディアが、社会に向けて一定の見解を示し、主張しているからである。前述したように、それらの見解や主張が、世論そのものと見なされたり、あるいは世論の代弁者として機能したりすることもあるし、また自ら実施する世論調査を通じてある問題や争点に関する世論を「発見」し、それに関する「現実」を構築し、構成すると見なすこともできる。

このようにジャーナリズムは、世論と一体化し、あるいは世論という姿を借りて、政治エリートを含む社会に対して権力を行使するのである。

7　ジャーナリズムと権力（4）——ニュースの物語と集合的記憶

ジャーナリズムには、これまで述べてきたこと以外にも、情報伝達あるいはニュースの生産という作業をめぐってさまざまな権力的な側面が存在する。なかでも注目したいのは、出来事の「名づけ」という問題である。名づけというのは、社会的出来事の意味づけ、解釈、さらには評価へとつながる。これが「ジャーナリズムと権力」に関して考える際の重要な視点となる。

ここでは、NHKの番組「戦争をどう裁くか、問われる戦時性暴力」(二〇〇一年一月三〇日放送)をめぐる報道を例にとりながら検討してみる。二〇〇五年一月一二日、『朝日新聞』は「NHK『慰安婦』番組改変、中川(昭)・安倍氏『内容偏り』、前日幹部呼び指摘」というスクープ報道を行った。その後、「NHKと政治家との距離」などといった言葉を用いて、NHKの番組に対する「政治介入」という観点から、この出来事の名づけと意味づけを行った。『朝日新聞』は、政府・自民党によるNHKの番組内容への介入という視点をもっぱら前面に打ち出し、そのうえで当時さかんに報じられていたNHKの一連の不祥事に対する批判、さらには従軍慰安婦問題をめぐる歴史認識の問題とを関連させながら、この出来事の意味づけを行った(2)。

このようにジャーナリズムは、出来事の名づけを通して意味づけを行い、その作業を通じて社会に対して一定の価値観を提示する。すなわち、出来事を構成する多数の事実の中からいくつかを取り出し、それらの事実を編集し、名づけることで出来事を説明し、意味づけ、さらには多くの場合、社会の支配的価値観を提示するのである。その際、過去に生じたどの問題や争点と関連づけるか、あるいは同時期に生じているどの問題や争点と関連づけるかということが重要になる。こうした出来事を構成する諸事実の選択、そしてほかの問題や争点との関連づけは、ニュースを報じるジャーナリズムにとっては不可欠な作業である。さらに、選択された複数の事実は、対立や紛争、発生・展開・終結、そして原因と結果といった物語によって編集されることになる(第2章、参照)。

また、ニュースというのは、新聞の場合には「見出し―要約―本文」といった形式によって構成される場合が多いが、これも出来事の物語化を行う際の手法である。こうした物語によってニュースは構成され、一定の意味を有するようになる。
このような出来事の名づけと意味づけ、そして物語化によって、オーディエンスの側も報道された出来事の意味を理解し、解釈することが可能になる。しかし、ここにも一種の権力作用がともなうことに注意する必要がある。なぜならジャーナリストは、オーディエンスの多数が理解しやすいように、事実を編集し、物語化し、意味づける傾向が強いからである。できるだけ迅速に、またできるだけ多くのオーディエンスにニュースを伝達するという専門職としての使命から、ジャーナリストは既存の定型化されたフレームに組み入れて、ニュースという情報を伝達しがちである。ここにも、ニュースの生産過程に内在する、ジャーナリズムに対する制約要因としての権力が存在すると考えられるのである。

つぎに、前述したニュース・バリューの問題を中心にすえて、それと集合的記憶との関連を中心に、ジャーナリズムと権力の問題について考えてみたい。まずニュース・バリューに関しては、これまでの考察から明らかなように、ジャーナリズムに対して外部から作用する権力と、ジャーナリズムの組織や業界の内部で作動する権力という二つの側面からの考察が重要になる。一見すると、ニュース・バリューというのはジャーナリズムの組織や業界の中だけで共有されているように見える。しかし、ニュース・バリューは社会の多数派の価値観と連動しながら、日々のニュースの中で再生産されていると見ることができる。ジャーナリズムは、社会の（あるいはオーディエンスの）多数派が関心をもつと判断した出来事、組織、人物にニュース・バリューを認め、取材対象とし、それらにかかわる場所にジャーナリストを重点的に配置し、それらの状況を積極的に報道するのがつねである。その一方で、社会の多数派は、ジャーナリズムが重点的に報道する出来事、組織、個人を重要と考え、それらにかかわるニュースに対するニーズを増大させる。ジャーナリズムと社会の多数派は、相互作用しながらニュース・バリューを再生産しているのである。

このことは、社会からジャーナリズムを取り出して、その影響力の大きさについて論じることが妥当性をもたないことを示している。社会の中にジャーナリズムをすえて、社会の多数派とジャーナリズムとの相互作用、あるいは循環過程という観点から権力とジャーナリズムの問題について考察することが重要かつ必要なのである。もちろん、ジャーナリズムは専門的な技能をはじめ、さまざまな権力資源を保持しており、その点では一般市民、あるいはオーディエンスと比べ社会的影響力が大きいのは当然である。ただし、ニュース・バリューを軸に考えてみると、社会の多数派によって共有されている価値観とは異なる報道、あるいは社会の多数派が容認する意見とは異なる論評を行うことは、実際にはそれほど容易ではない。それよりも、ジャーナリズムは社会の多数派が共有する価値観を凝縮し、強化するという方向で社会に影響を及ぼし、権力を行使するととらえたほうが適切である。

ジャーナリズムはたしかに社会問題を発掘したり、社会の少数派の意見や利害の代弁者としての役割を果たし、政策過程に影響を及ぼしたり、社会の制度や規範を（部分的にせよ）変化させることもある。しかし、そうした変化が社会の多数派の価値観を修正、さらには変容させるという段階にまで至るとは限らない。というよりも、先に述べたように、ジャーナリズムは社会の多数派の価値観、すなわち支配的な価値観と共鳴しながら活動するほうが一般的である。すなわち、ジャーナリストは通常は多数派の価値観と連動する物語、換言すると「前例」に依拠しながら活動するととらえられるのである。そして、そうした物語や前例は、やはりジャーナリズムと社会の多数派との相互作用の産物なのである。

ジャーナリズムのこうした傾向を説明するのに有用なのが、「集合的記憶」の考え方である。これは、「記憶」が個人的に形成され、蓄積されるという見方ではなく、社会の構成員のあいだで共有されるものという観点を優先させるものである（アルヴァックス 1950=1989）。ただし、集合的記憶に関しては、「（その）主体を有機的統一体と考えるのではなく、その集合体を構成する個人との関連に注目すべき」（石田 2000：16）ということ、そして「権力状況において優位に立つもの（すなわち強者）の側における過去の再構成、そのための選択が権力状況で劣位にある者におしつけられるという関係が明らかになる」（同）点に注意を払う必要がある。これらを考慮するならば、集合的記憶と「ジャーナリズムと権力」の関連については以下のように論じることが可能になる。

ジャーナリズムが伝えるニュースは、活字、音声、映像という形態で社会の集合的記憶を形成する。したがって、複数のメディアがそれぞれ独自の視点から報道すると、多種多様なメディアに接触したオーディエンスの集合体は、それぞれのメディアを通じて受容した情報をもとに集合的記憶を形成することになる。すなわち、社会では複数の集合的記憶が並存、あるいは競合しながら存在するというわけである。しかしながら、実際には先に述べたように、社会の多数派（のオーディエンス）と連動する報道が行われるケースが多々あり、その場合には集合的記憶の多様性は縮減され、さらには画一化へと進むことになる。こうして画一化された集合的記憶は、オーディエンスのみならずジャーナリズムにとっても「前例」となり、それゆえにその後に生じた社会的出来事の選択や取材、ニュースの編集や整理といった一連の過程、さらには取材体制にまで大きな影響を及ぼすことになる。このようにジャーナリズムは集合的記憶を形成すると同時に、集合的記憶はジャーナリズムの活動に対して影響を及ぼすのである。

ジャーナリズムと集合的記憶との関連は、前述したように、社会的出来事の名づけという作業と密接にかかわる。たとえば二〇〇三年から翌年にかけて日本社会で大きな問題となった「自衛隊のイラク派遣」については、ジャーナリズムの報道の仕方には若干の差は見られたものの、概して「憲法問題」よりも「国際貢献」として意味づけ、解釈することが優先された（第4章、参照）。これには、以下に見るように日本社会の多くの人々のあいだで共有された集合的記憶が影響を及ぼしたととらえられる。それは第一に、二〇〇一年の九月一一日に生じた

「同時多発テロ」に関する集合的記憶である。この集合的記憶は、おもにニューヨークの世界貿易センターに対するテロ行為を中継、ないしは報じた映像によって構築されたものである。それはまた、ジャーナリズムも含め、日本社会の「テロとの戦争」に対する支持を高め、国際貢献の必要性に対する認識を共有させたと言える。第二は、一九九〇年に生じた「湾岸戦争」の際の日本の国際貢献に対する国際社会の評価の低さという、日本のジャーナリズムが繰り返し伝え、それによって形成された集合的記憶である。この集合的記憶が、自衛隊のイラク派遣に対する支持に結びついたことは容易に理解できる。

8　むすび

ジャーナリズムを批判することはたしかに重要である。しかし、そこからジャーナリズム論へと展開するためには、民主主義や権力といったジャーナリズム批判において前提とされてきた諸概念の再検討を行いながら論じる必要がある。なぜなら、ジャーナリズムは、たんに国家機構という権力機関のみと対峙しているわけではなく、またジャーナリズム論においては民主主義という政治体制に関する見方や評価が必ずしも確定しているわけではないからである。

ジャーナリズムは、国家機構も含めたさまざまな権力の網の中で活動している。本章で論じてきたように、ジャーナリズムの権力や影響力の源泉となっている専門的な技能、そしてジャーナリズムの組織や業界で共有されている慣行、規範、価値観といった権力の網の中で個々のジャーナリストは日々活動している。そして、それらの権力の網は、たとえばニュース・バリューに見られるように、社会の多数派が形成している価値観や集合的記憶と連動し、共鳴することでいっそう強固になる。

コンピュータやインターネットに象徴される技術革新は、こうした権力の網に異なる要因を付加してきた。その変化は、むろん社会全体の情報の生産、流通、消費といった一連の過程の変化とも密接にかかわっている。社会の中にジャーナリズムをすえ、権力論や民主主義論をつねに意識しつつジャーナリズムを分析すること、そうした作業がジャーナリズムを論じる場合には重要になるのである。

注

（1） 情報源としての政治エリートとゲートキーパーの関係を含む、ゲートキーパーの志向性や活動に対する影響要因に関する研究は以下の各レベルに分類されている（Shoemaker and Vos 2009: 31-107）。それは、①ジャーナリスト個人、すなわちゲートキーパーの人間性などの個人的特徴、②日常のコミュニケーション、すなわち個々のジャーナリストのオーディエンスに対する志向性、外部の情報源との関係、ニュース・メディア内部の諸関係、③ニュース・メディア組織、すなわちニュース・メディア組織の特徴、ニュース・メディアにおけるジャーナリストの社会化、④社会制度、すなわちニュース・メディアと市場、オーディエンス、広告主、情報源、統治機構、利益集団などとの関係、である。

（2） 周知のように、こうした『朝日新聞』の報道姿勢や報道手法に対しては、その後さまざまな批判が加えられたのも事実である。たとえば、『読売新聞』は、「朝日取材結論ありき、番組改変問題でNHK幹部が会見、報道を完全否定」(二〇〇五年一月二〇日)と題して、『朝日新聞』とは真っ向から対立するNHKの主張を報じている。『朝日新聞』は、NHKのこうした主張に関しては、大きく報道することなく、また報道する場合でも比較的批判的な観点から報道していた。

なお、この番組制作に協力した民間団体（バウネット・ジャパン）が番組内容に関する不服を申し立てた裁判は、二〇〇八年六月一二日の最高裁判所の判決で最終的にはNHKの勝訴が確定した。以下はそれを伝える記事である。「NHK教育テレビが放送した戦争特集番組を巡り、取材に協力した民間団体が「当初の説明とは異なる趣旨に番組内容を変更された」として、ＮＨＫと下請けの制作会社二社に計一〇〇〇万円の損害賠償を求めた訴訟の上告審判決が一二日、最高裁第一小法廷であった。横尾和子裁判長は「取材を受けた対象者が一定の内容で放送されると期待したとしても、その期待は原則として法的保護の対象とはならない」とする初判断を示し、ＮＨＫなどに計二〇〇万円の賠償を命じた二審・東京高裁判決を破棄し、請求を棄却した。ＮＨＫ側の逆転勝訴が確定した」（読売新聞、二〇〇八年六月一三日）。

第2章　ニュースの物語分析

1　はじめに――物語について

第1章では、「社会の中のジャーナリズム」という観点から、ジャーナリズムとそれを取り巻くさまざまな「社会」との相互作用の中で生じる権力の問題を中心に考察を加えた。本章では、おもに物語論と言説分析に関して検討することで、ニュース・テクストに内在する権力、およびニュースの生産過程と受容過程において作用する権力の問題について論じることにしたい。

事実を伝えるニュース、そして「人々が頭の中に描く世界」（W・リップマン）を構築するニュースについて論じる際、「文化としてのニュース」、あるいは「文化過程としてのニュースの生産過程と受容過程」（Ettema 2010, 参照）という視点が提示され、多くの関心を集めるようになった。また、それと深く結びつく「ニュースの物語（narrative）」という枠組みでニュース・テクストをとらえる手法、すなわち物語分析がしだいに一般化してきた。

社会的出来事という事実を中心に構成されるニュース・テクストについて、おもに文学理論を出自とする物語の概念を参照して、あるいはそうした枠組みを用いて分析することは一見整合性を欠くようにも見える。しかし、第1章でも言及したように、この手法はこれまで多くの研究者によって採用され、その有効性や妥当性についても論じられてきた。そこで本章では、まずは「物語（論）の重層性」という観点から考察を行う。その後、そこでの考察を参照しながら、ニュースの物語の重層性という問題に焦点を当て論じることにしたい。

物語という概念は、かつて「あるストーリー（それはフィクション、ノンフィクションを問わない）の構成を決定する装置、戦略、慣例」（O'sullivan et al. 1994: 194）とやや広義に定義されたことがある。[1] その一方で、「言語行為」の一種ととらえながらも、それとの対比から「物語行為」の特徴を明らかにしようとした興味深い試みもある。それは、人々の発話という言語行為が「相互行為的、他者志向的、現場拘束的」（野家 2005: 104）に遂行されるのに対し、以下に見るように物語行為には「過去構成的」いう特性が備わるという見方である。

われわれは過ぎ去った知覚的体験そのものについて語っているのではなく、想起された解釈学的経験について過去形という言語形式を通じて語っているのである。「知覚的体験」を「解釈学的経験」へと変容させるこのような解釈学的変形の操作こそ、「物語る」という原初的な言語行為、すなわち「物語行為」を支える基盤にほかならない（同：18）。

ここでは、過去に生じた出来事の知覚に関して解釈による変形を加えること、そしてその作業こそが物語行為の基盤であることが示されている。この指摘に拠るならば、過去に生じた社会的出来事をニュース・テクストに変換するというニュースの生産過程も、物語行為と同様に「過去構成的」と見なすことが可能である。

ただし、本章の主たる関心であるメディア・テクスト、なかでもニュース・テクストの物語分析という関心からすると、物語や物語行為に関するこうした定義や把握の仕方をより深化させることが必要になる。私自身、ニュースの物語という問題については、かつて「技法的物語」と「価値的物語」という分類を用いながら論じたことがある（大石 2005）。このうち技法的物語に関しては、以下のように分類することができる（バルト 1985=1988，参照）。第一は、出来事が生じた時間的な配列、たとえば開始、持続（展開）、終了という物語であり、第二は、あるひとつの出来事がほかの出来事を決定するという因果の関係である。文学理論では一般に、前者はストーリー、後者はプロットと呼ばれている。(2) これらの物語によって、ある社会的出来事を構成する諸要素は結びつけられ、語られることになる。

ここで重要なのは、こうしたニュースの物語がニュースの生産者であるジャーナリストのあいだだけで共有されているわけではないという点である（第1章、参照）。ニュースを受容するオーディエンスの側も、こうした物語によって出来事が構成されることを容認し、あるいは期待している。なぜなら、多くのオーディエンスはこれらの物語によって構成されるニュース・テクストを受容することにより、比較的容易に社会的出来事を理解し、解釈することが可能になるからである。くわえて、社会的出来事をめぐる「時間的配列（ストーリー）」、「因果関係（プロット）」といった技法的物語がたんなる「技法」にとどまらないことも看過すべきではない。なぜなら、技法的物語、そして技法的物語に基づいて生産されるニュース・テクストは、ジャーナリストやオーディエンス、さらには社会の構成員の大多数によって日々構築され、構成される社会の支配的価値観によって規定され、同時にそうした価値観を再生産していると見なすことができるからである。

それに加えて、これまで繰り返し述べてきたように、ニュースの生産という活動は、社会的出来事を構成する諸要素の中から、いくつかの要素を選択し、編集するという、技法的物語に基づいて行われると見なしうるからであり、またその過程では、ジャーナリストが意識するかしないかは別にして、必ずや一定の価値観が参照され、その価値観は社会の支配的価値観と連動する場合が一般的だからである。それが価値的物語の権力作用だと言える。このことは、社会的出来事が生じた原因を説明するプロットについて考えると容易に理解できよう。なぜなら、ジャーナリストが出来事の原因を報道し、提示する際、すでに評価の確定している、すなわち価値的物語によって語られた「前例」に依拠する傾向が強くなるからである。こうしてジャーナリズムによる報道、解説、論評を通じて、一般に「善と悪」、「味方と敵」、「我々と彼ら」といった二項対立図式によって表現されることが多い価値的物語が再生産されることになる。

2 ニュースの物語の重層性

これまでニュースの物語について、技法的物語と価値的物語との連関を中心に検討してきた。以下では、この問題を中心にすえながらも、「物語」概念の複雑性を念頭に置きつつ、物語（行為）、あるいは物語論に関して考察する。なぜなら、ニュース・テクストの有する価値的物語という側面に焦点をあわせると、そこでは「社会における支配的価値観、それに基づく歴史観、それを共有することで生じる集合的アイデンティティに着目する大きな（メタ）物語論」（Edger and Sedgwick ed. 2002: 253）との関連についていっそうの検討を行う必要が生じることになるからである。

まず確認しておきたいのは、価値的物語がある特定の社会的出来事に関するニュースだけに対応することはまれであり、通常は複数のニュースが連動することで形成、あるいは再生産されるという点である。したがって、価値的物語については、複数のニュースを通じて、社会的出来事やそれにかかわる人物や組織に関するイメージや価値観、またそうしたイメージや価値観が蓄積された結果と見なしうるのである。このように把握される価値的物語という観点からニュース・テクストに関して考察を加えようとするならば、以下に示す相互に密接に連関する諸概念との関係に着目しながら論じる必要が生じる（大石 2005：171-72，参照）。

それは第一に、社会的出来事に関する認知や意味づけを通じた「現実」の社会的構築・構成、そしてその結果構築・構成される「社会的現実」との関連である。そうした作業は、一般に価値的物語に依拠しながら行われる。それゆえに、この社会過程に深くかかわる、あるいはその過程の中核に位置する（ニュース・）メディアは、宗教や教育などと並んで主要なイデオロギー装置のひとつと見なされることになる。第二は、社会の多数派で共有される「集合的記憶」（国家が単位の場合には国民的記憶）との関連である（第1章、参照）。ニュース・メディアは社会的出来事に関する情報を人々に共有させ、その出来事を記録するという役割を担っている。そして、その過程で集合的（国民的）記憶は（再）生産され、ときには変化するのである。第三に、やはり社会の多数派のあいだで、多くの場合無意識のうちに共有されている常識や慣習との関連、あるいは問題の認知やその解決に関する多くの場合暗黙の同意や合意という状況、すなわち「ヘゲモニー」が有する機能との関連である。ニュース・テクストの生産過程は、概してヘゲモニーによって規定されるのであり、それゆえニュース・テクストには社会の多数派のあいだで共有されている常識や慣習が埋め込まれていると見ることができる。第四は、社会の多数派がそれらの社会的現実、集合的記憶、常識や慣習を共有することで（再）生産される「集合的アイデンティティ」との関連である。これも国家を単位に形成されると、それは国民的アイデンティティとなる。たとえば、ある社会的出来事がニュース・テクストの中で「我々（すなわち国民）」と「彼ら」という価値的物語によって表象される場合、ニュースの物語は集合的（国民的）アイデンティティの（再）生産と密接にかかわると見なしうる。

このような観点からニュースの物語、あるいは物語論について論じようとするならば、それは以下に示すように三つの観点から重層的に把握し、整理することが必要になる（Edger and Sedgwick ed. 2002; 大石 2005, 参照）。

物語論①　まず、ニュースの生産過程において、報道される社会的出来事の構成要素のうちのいくつかが選択され、配列されることに注目するニュースの物語論があげられる。その際に重要な役割を果たすのが、ストーリーやプロットといった技法的物語である。なお、これまで再三指摘してきたように、とくに技法的物語としてのプロットは価値的物語とつねに連動して作動する。こうした物語論はまた、ニュース・バリューの問題と密接に関連している（第1章、参照）。

物語論②　ニュースの生産過程における物語化の過程を見ると、そこではジャーナリズムが主導権を握り、中心的役割を担うように見えるものの、そうした理解は一面的だと言える。なぜなら、社会的出来事の意味付与、あるいは意味生成という問題に着目するならば、ニュース・テクストの受容過程で、多様な読みの可能性を有するオーディエンスの存在を強調することが可能になるからである。この点を強調する視点、それがここで言う第二のニュースの物語論となる。

物語論③　これは、政治、経済、社会、文化の体制や構造に関する、ある社会の価値観の分布によって構成される、ないしはそうした分布の中での支配的価値観を再生産、修正、ときには変革する価値的物語を指すものである。なお支配的価値観は、これまで検討してきた常識や慣習、集合的記憶、ヘゲモニー、そして集合的アイデンティティなどと密接に関連している。ただし、こうしたとらえ方とは相容れない、「大きな物語」の終焉を主張する見解もあり、そこでは支配的価値観よりも社会における価値観の多様性や異質性、さらには価値観それ自体の相対性が強調される。たとえば、リオタールなどによって主張された「ポストモダニズム論」はその代表例である（リオタール 1979=1986）。

ここで再度確認すべきは、物語論②で見たように、ジャーナリズムで共有されているニュース・バリューにしても、それが社会の多数派と連動しながら形成され、再生産される（あるいは変化する）と見なすことができる点である。くわえて、物語論①と②がニュースの生産過程と受容過程、あるいは両者の連動といった実践的側面を中心にニュースの物語について論じているのに対し、物語論③が社会の価値観の分布ないしは支配的価値観といった、ニュースの物語化を支える構造的側面に焦点を当てて論じている点も押さえておく必要がある。したがって、物語論③の観点に立つ物語が、物語論①と②で論じられる物語を規定し、逆に①と②の物語が、③の物語を再生産あるいは変化させているととらえることができるのである。

以上の点に加え、ここであらためて留意すべきは、ニュース論において物語論、あるいは物語分析が影響力を強めてきた最も大きな要因として、従来のメディア効果研究が採用してきたニュースが受け手に与える効果や影響という問題関心とは異なる視点が採用されていることが指摘できる。すなわち、ニュース・テクストそれ自体、そしてニュース・テクストが据えられたさまざまな文脈、それと連動して生じるニュースの意味や解釈の過程が重視されるようになってきたのである。こうした変化がニュース研究に大きな視座転換をもたらしたことは広く知られている。そこではジャーナリストが出来事をニュースに変換し、既存の物語にしたがってニュース・テクストを構成し、出来事を意味づけるという一連の過程に関心が向けられる。また、ニュース・テクストがどのように理解され、解釈されることが期待されるのか、さらには実際にオーディエンスがニュース・テクストをどのように理解し、解釈するかという問題が、きわめて重要な位置を占めることになる。そうした関心は、価値的物語によって形成・再生産されたニュース・テクストを通じて社会全体の価値観の分布、あるいは支配的な価値観を見出すという問題関心へと結びつくことになる。

以下では、これまで展開されてきた物語分析の意義とその必要性を認めつつ、物語（分析）の重層性という観点からニュース論、そしてニュース・バリュー論やジャーナリズム論について再考を試みることにしたい。

3　ニュースの物語と関連する諸概念

物語分析ではニュースをめぐる意味生成や理解、そして解釈という観点からニュース・テクストの分析を行うことが重要となる。それは、ニュース・テクストの生産過程と受容過程と同時に、そうした過程を通じて報道された社会的出来事に関する意味や評価が社会で蓄積され、沈殿するメカニズムにまで関心が深まることへとつながる。すなわち、ニュースという情報によって形成される知識、そしてその集積体としての出来事や社会に関する集合的記憶やイメージにまで踏み込んでニュースの生産過程や受容過程について考察を加えることが重要になるのである。

ただし、先に示した物語（行為）論を参照するならば、ニュース・テクストをも含め、社会に流通し、受容されているさまざまなメディア・テクストがここでも分析対象となる。なぜなら、社会で共有される知識、記憶、イメージは、ニュース・テクストだけでなく、それ以外のいくつものメディア・テクストを通じて形成、再生産されるからであり、それらのテクストを通じて多種多様な物語が紡ぎ出されているからである。こうした問題関心からすると、次の指摘は大いに参考になる。

物語られることによってはじめて、断片的な思い出は「構造化」され、個人的な思い出は「共同化」される。「物語る」という言語行為を通じた思い出の構造化と共同化こそが、ほかならぬ歴史的事実の成立要件なのである。それゆえ、歴史的事実は、ありのままの「客観的事実」であるよりは、むしろ物語行為によって幾重にも媒介され、変容された「解釈的事実」と呼ばれねばならない（野家 2005：121-122）。

ここでは、出来事が物語るという行為を通じて、またテクスト化されることによって構造化されること、そして個人的な思い出であるはずの記憶が社会で共有化されることで集合的記憶となる過程が述べられている。そして、物語るというテクストの生産行為を通じた個人的な思い出や記憶の構造化と共同化、すなわち集合的記憶の制度化こそが、ほかならぬ「歴史的事実」の成立要件であること、それゆえに「歴史的事実」にしても、複数の物語行為によって形成され、変容を重ねた「解釈的事実」にすぎないというのがここでの主張である。換言すると、史料や資料、あるいは証言に基づく「歴史的事実」の作成と提示という行為には、必然的に解釈、編集、あるいは偏向という行為がかかわるのであり、それゆえに「歴史的事実」にしてもそれは「解釈的事実」にほかならないということになる。

こうした見解をニュース論に引き寄せて見るならば、社会的出来事を記録するニュース・テクストもここで言う「解釈的事実」である。ニュース・テクストとは、社会的出来事をテクストによって再現（ときには中継）したものであり、それは「解釈的事実」をもとにした記録のひとつなのである。こうしたニュース・テクストの生産過程と受容過程において、出来事の構成、そして出来事をめぐる意味形成が行われる。このような日々の「解釈的事実」の生産や受容を通じて、ジャーナリストとオーディエンスは日々「解釈学的経験」を重ね、それを蓄積することになる。ニュース・メディアに含まれるさまざまなテクスト、すなわち社会的出来事に関する解説、論評（新聞の場合には社説も含む）も、むろん「歴史的事実」、そして「解釈学的事実」を構成する要因として把握されることになる。それゆえ、メディア・テクストの生産過程と受容過程を通じて、社会で共有される知識、記憶、イメージが形成、構成、そして再生産され、更新され、ときには変化するという見方が成立するというわけである。

このように、ニュースの物語論が物語（行為）論の応用領域という一面をもつのは確かである。その一方で、ニュースの物語論は、一連の批判的言語学、あるいは記号論からも大きな影響を受けてきたことは周知の通りである。実際、そうした観点に立つ研究においても、テクストの「意味」に関しては、「社会全体、そしてその中の階級や集団が自らを維持し、再生産するためのさまざまな手段と深く絡み合っている」（Wayne 2003: 166）という説明も行われたことがある。なかでも、その種の研究と親和性をもちつつ一九七〇年代から八〇年代にかけて展開された、カルチュラル・スタディーズにかかわる諸理論がニュースの物語論に大きな影響を与えたことは広く知られている。言語とコードの機能に焦点をあわせた以下の指摘は、そうした研究動向の重要な一面を要約したものと言える。

> 言語の役割に焦点をあわせることは、個人的というより、社会的に意味がどのように生産されるかという問題を説明するのに寄与した。それは同時に、権力関係を研究対象とすることでもあった。この種の研究は、ニュースが記号とコードの両者から成り立つという考え方を発展させた。ここで言う記号とは意味を生産する個々の言語を指し、コードとは言語を取り巻く社会的かつ文化的秩序と結びつきながら言語を組織化する手法を指す（Zelizer 2004: 119）。

言語とコードに関するこのような把握の仕方は、現在ではメディア論やコミュニケーション論において多くの研究者によってすでに受容され、共有されており、ニュース・テクストの意味を考察する際には有益かつ不可欠となっている。この種の問題関心をより鮮明にし、（ニュース・）テクストを動態的に把握するための分析枠組みを提示した研究手法、それが（批判的）言説分析である。そこで以下では、言説分析に焦点をあわせて、ニュースの物語分析について論じる。ここではまず、言説に関するひとつの有力な定義を掲げておこう。

言説とは、ある特定の社会・文化的文脈の中に埋め込まれ、文化的実践（生活や思考）によって具体化された、一群の信念や態度と定義できる。ここで言う文化的実践は、アイデンティティの形成や社会参加を生み出す方向に作用する（Casey et al. 2002: 65, カッコ内引用者）。

言説をこのように把握した場合、言説分析にとって重要な問題は、言説とそれを取り巻く文脈との相互関係という枠組みの中で考察を行うことにある。この点にこそ、言説分析の特質が存在する[3]。

言説分析はこれまで多くの論者によってすでに論じられてきたが、その中でも「①テクスト、②言説実践、そして、それらと③社会文化的実践を体系的に結びつける試み」（Fairclogh 1995: 17）という視座が広く知られている。これは、先に示したニュースの物語の実践的側面（言説実践）と構造的側面（社会文化的実践）に対応するととらえることができる。したがって、この言説分析の枠組みをニュース・テクストに適用しようとするならば、①ニュース・テクスト、②ニュース・テクストの生産過程と受容過程という制度化された実践、③ニュース・テクストの生産過程と受容過程を規定する広範な社会文化的文脈というように研究対象と視座が設定されることになる。ここで言う社会文化的文脈を構成するのは、「経済的文脈（メディアやオーディエンスの経済状況という問題）、「政治的文脈（権力、イデオロギー、ヘゲモニーという問題）」、「文化的文脈（価値やアイデンティティの問題）」ととらえられている（同：57–62, 大石 2005: 158–59）。

同様の観点から、権力（関係）の問題を中心に言説分析をとらえた場合、ニュース・テクストをめぐる一連の諸過程に関しては、オーディエンスが抱く知識と信念、そしてニュース・テクストのあいだには一種の弁証法的関係が存在するという見方も提示されたことがある。すなわち、「オーディエンスは自らの知識や信念を用いてニュース・テクストを読解する一方で、ニュース・テクストも変革や再生産といった過程を通じてオーディエンスの知識や信念を形成し続ける」というわけである（Richardson 2007：45）。

そのうえで、こうした言説の生産と受容をめぐる諸過程に関しては、そこで観察される権力という観点から以下のような問題群として設定し直されたことは興味深い（*ibid*; ただし、いくつかの説明は補足した）。

第一は、テクスト生産という社会的実践をめぐる権力である。ここでは、個々のジャーナリストの志向性と、彼らを取り巻くジャーナリズムという組織や業界とのあいだの権力作用、そしてジャーナリズムの組織や業界とそれを取り巻く社会とのあいだの権力作用が問題となる。それに加えて、情報源（ニュース・ソース）とジャーナリスト、そしてジャーナリズムとのあいだの権力作用もこの領域で論じられることになる。

第二は、オーディエンスがテクストを通じて出来事を理解する際に作用するテクストの権力である。ジャーナリズムは、ニュース・テクストを通じて、報道される出来事に関する意味や評価、さらにはそうした意味や評価の基準となる価値観を提示するが、それらがオーディエンスに影響を及ぼす権力という問題が設定される。

第三は、ニュース・テクスト、そしてその生産者であるジャーナリズムからの統制に抵抗する読み手としてのオーディエンスが有する権力である。この権力に着目することで、ニュース・テクストに関するオーディエンスの解釈や意味づけ、評価が多様になることを想定することが可能になる。

第四は、社会を再生産、ないしは変革する人々が有する権力である。一般には、さまざまな言説を通じて、日常的には社会の支配的価値観が再生産され、それにより社会が安定し、その継続がはかられている。しかしその一方で、ジャーナリスト、オーディエンスを問わず、言説の生産と受容という過程はそうした社会の支配的価値観を批判する可能性を秘めている。

ここでまず注目すべきは、社会の支配的価値観、あるいはニュースの「価値的物語」に対して抵抗し、その変革を目指すオーディエンスが有する権力が指摘され、強調されている点である。この種の見解を象徴するのが、広く知られているホールの「支配的コード、交渉的コード、対抗的コード」による「記号化（encoding）‐記号解読（decoding）」モデルである（Hall 1980）。このモデルは、批判的言説分析ではかなりの程度共有され、それと同様の見方もすでに提示されてきた。たとえば、「比較的同質の形態や意味を有するテクストの中で発現し、作用する因習的な言説実践」に加え、「比較的異質の形態や意味を有するテクストの中で発現し、作用する創造的な言説実践」の存在も指摘されたことがある（Fairclogh 1995: 60, 傍点引用者）。この場合、「因習的な言説実践」は社会の既存の支配的価値観を維持、再生産するのに寄与するが、それに対して「創造的な言説実践」はそうした支配的価値観を変革する契機を提供することになる（大石 2005: 162）。

それと同時に、社会的出来事のニュースへの変換過程、すなわちニュース・テクストの生産という言説実践という領域においても、ジャーナリズムが有する社会の支配的価値観に対する異議申し立ての可能性が存在することも考慮すべきであろう。なぜなら、出来事を報じ、それを解説・論評し、そして解釈し、意味づける過程の中にも、批判的観点をも含む多様性が本来は確保されているはずだからである。

4　言説実践における物語の機能（1）――ニュース・テクストの生産過程を中心に

これまでの考察を踏まえ、つぎにニュースの生産過程における言説実践と物語（行為）との関連についてより詳しく検討してみたい。ニュースの生産過程に関してまず問題になるのは、前述したように、ニュースの情報源とニュース・テクストの生産者であるジャーナリストやニュース・メディアとの関係である。その際、ニュースの生産過程が社会的出来事の解釈と意味づけの過程であることを再度確認することが必要になる。ニュースの生産とはその出来事の構成要因の取捨選択という行為にほかならない。すなわち、ジャーナリストやニュース・メディアは、出来事の「読み手」として出来事をニュースに変換し、ニュース・テクストの生産を行っている。

この過程で、社会的出来事を構成する諸要因が選択、編集、解釈され、出来事やニュースはニュース・テクストとして物語化されることになるので、ニュースの生産過程は物語行為として把握されうるのであり、これら一連の行為は通常は個々のジャーナリストによって担われる。ただしその一方で、ジャーナリストという専門職業人の集団、そしてニュース・メディアの組織や業界といった「解釈共同体」の中で、ニュースの生産という「物語行為」が行われる点は強調されるべきである。むろん、こうした「解釈共同体」の内部においても、たとえばスクープをめぐる熾烈な競争がジャーナリストのあいだで存在するのは周知の通りである（第1章）。しかし、多くのジャーナリストがジャーナリズムという制度化された業界や組織の中で活動していることを考慮するならば、そうした競争や競合にしても「解釈共同体」の枠の中で行われていると見るほうが適切である。

くわえて、ニュースの生産過程においてジャーナリストが必ずしも出来事の直接の観察者ではない場合が多い点も留意されるべきである。というよりも、そのほうがはるかに一般的とも言える。「物語行為」に関して先に引用した言葉を借りるならば、こうした状況はジャーナリストの間接的な「知覚的体験」と言えるであろう。この場合、出来事の当事者や目撃者を情報源として、出来事は再現、再構成され、ニュースになる。それゆえに、専門職業人としてのジャーナリストは、通常は可能な限り複数の当事者や目撃者から情報を入手し、より正確な情報をもとにしたニュースの提供を期すようにしている。そこでニュースの生産過程に関しては、とりあえず「社会的出来事→情報源→ジャーナリストやニュース・メディアによるニュース・テクストの生産」という一連の過程として示すことができる。

このようにジャーナリストの情報収集の過程では、社会的出来事とジャーナリストとのあいだに情報源が介在するケースが多々見られる。それに加えて、ジャーナリストが出来事の直接の当事者や目撃者とは異なる情報源から情報入手を行うケースは頻繁に存在し、ニュースの生産過程とニュース・テクストについて検討する際、その点はきわめて重要になる。実際、ジャーナリストは、政治家、官僚、警察や検察などの政治エリートや公的な権力機関、そして企業の経営者や広報担当者などに対する取材や記者会見などを通して情報を入手している。記者会見の場合には、複数のジャーナリストに対して担当者がいっせいに説明や解説を行い、さらにはそうした担当者とのやり取りを通じて情報収集が行われている。

ジャーナリストは、出来事のニュース・テクストへの変換というニュースの生産過程において主導権を握っていることは確かである。しかし、これまで検討してきたように、その作業の内実はかなり複雑である。というのも、出来事の当事者や目撃者といった「一次的情報源」による情報の編集あるいは操作、そしてそれらの人々とは異なる情報源、すなわち公的な権力機関などの「二次的情報源」によるジャーナリストやニュース・メディアに対する情報提供、さらには説得や操作は日常的に行われているからである。これらの情報源による情報収集や情報伝達の過程においても、やはり出来事は編集され、物語化される。情報源が出来事を「語る」行為にしても、それは物語行為そのものなのである。したがって、ジャーナリストとニュース・メディアは、多くの場合、情報源によって提示された物語を「再度」編集することでニュース・テクストの生産を行っていると見ることができる。

5 言説実践における物語の機能（2）——間テクスト性の問題を中心に

これまでニュースの生産過程に焦点をあわせながら、言説実践における物語の機能について検討してきた。以下では、間テクスト性の問題を中心に、やはり言説実践における物語の機能について論じることにする。言説分析の理論的構成を見るならば、この分析手法の特徴を最も明確に示す概念、それが間テクスト性だと言える。そこで、間テクスト性についてまずは検討を加え、この概念と関連させながらニュースの生産と受容という言説実践における物語の機能について考察を加える。間テクスト性の基本的な視点については、以下に示すように簡略、かつ適切に説明されたことがある。

テクストを個別に考えたり、研究したりすることなどできない。なぜなら、テクストは単独で生産されたり、消費されたりすることはないからである。すなわち、テクストはすべてほかのテクストとの関連性の中で存在し、それゆえテクストはそうした関連性の中で理解されなければならない（Richardson 2007: 100）。

もちろん、ニュース・テクストもその例外ではなく、ほかのテクストとの関連の中で存在している。この説明の後、ニュース・テクストを対象としながら、間テクスト性は以下のように分類された。それは、あるテクストの内部における間テクスト性（internal intertextuality; 以下、「内的間テクスト性」）と、あるテクストとほかのテクストとの外部的な関連を示す間テクスト性（external intertextuality; 以下、「外的間テクスト性」）である。このうち、ニュース・テクストの内的間テクスト性に関しては、以下のように論じられている。

あらゆるテクストは、既存のテクストの断片や諸要素から成立しているか、構成されている。これはとくにニュース報道に当てはまる。ニュースは必ず他者の行為や意見を再生産している。ニュースには、以下に示す三つのテクストのいずれか、あるいはすべてが含まれると見なしうる。そのテクストとは、第一に報道機関向けの発表、第二に情報源からの引用である。ここで言う情報源とは、報道した行為や出来事に直接かかわる人物（情報提供者）、またはそうした行為や出来事に関する解説や論評（評価）のいずれかを指す。第三は、ニュース・メディアのアーカイブから切り取った背景情報である（同：101-102）。

ここで示されているように、ニュース・テクストの「内的間テクスト性」とは、前述したジャーナリストと社会的出来事とのあいだに情報源が介在する場合、およびジャーナリストやニュース・メディアが蓄積している情報を参照し、出来事を物語化する過程を説明するものであるが、これは先に述べたニュースの生産過程に関する説明とかなり重複している。

ここでより注目したいのは、以下のように要約される外的間テクスト性のほうである。

テクストを十分に理解するためには（あるいはむしろ、テクストの詳細な意味、ないしはより完全な意味が明らかになるのは）、テクストがほかのテクストや社会的実践との関係の中で文脈化され、「読解」される場合である。……我々は報道された最新の記事を読む際、知識の中でそれを行う。換言すると、我々はその記事がある連鎖の中でほかの記事と結びつくことを認識している（同：100-101）。

この説明では、ニュース・テクストはほかのニュース・テクストや社会的実践との関係の中で意味づけられ、物語化されることになる。なお、ここで言うほかのニュース・テクストに関しては、以下のように分類することができる（大石 1998，2005，参照）。

第一は、同一の出来事に関してすでに報じられた内容、すなわち既存のニュース・テクストとの関係である。ある出来事が一定の時間の経過の中で推移、あるいは展開すると、その出来事に関する過去のニュース・テクストが参照され、出来事の関係づけ、意味づけ、物語化が行われる。この場合、出来事をめぐって新たな要素が加わることがあっても、ジャーナリズムを中心に社会で広く共有されている既存のニュース・テクストをめぐるフレームが作用し、出来事の解釈や意味づけが限定、あるいは規定されてしまうことがある。

第二は、過去に生じた類似の出来事に関するニュース・テクストとの関係の中で、出来事が意味づけられ、物語化される場合である（それはときには遠い過去の歴史的出来事が参照されることもある）。この場合、ジャーナリストやニュース・メディアは、出来事をあるカテゴリーの中に組み入れ、過去の類似の出来事に関するニュース・テクストとの関係の中で、当該の出来事のニュース・テクストをつくりあげ、物語として提示することになる。そうしたニュース・テクストは、専門職業人としてのジャーナリストが有する、あるいはジャーナリズムの中で継承されてきた物語、もしくは知識、記憶、イメージに影響されながら構成される。その過程で、出来事は意味づけられ、物語化される。出来事がどのカテゴリーに属するかという判断は、出来事の意味づけや評価にとってきわめて重要である。これによってオーディエンスのニュース・テクストの理解しやすさは増大するが、本来報道されるべき出来事の重要な要素が軽視、あるいは捨象されるという問題が生じることもある。

第三は、ほぼ同時期に生じた、本来はほかのカテゴリーに属する別の出来事、およびそれらに関するニュース・テクストとの関係の中で、当該の出来事に関するニュース・テクストが生産され、意味づけられ、物語化される場合である。とくに、ニュース・バリューの高いある特定の人物や組織が、複数の出来事（たとえば、問題や争点、政策）にかかわっている場合、こうした事態は生じやすくなる。この種の人物や組織がかかわると、本来同一のカテゴリーに属していない複数の出来事、あるいは異なる出来事を扱う複数のニュース・テクストが、その人物や組織を中心に構成されたメディア・フレームの中で互いに関係づけられる。その作用を通じて、出来事やニュース・テクストが物語化され、意味が規定されるというケースも存在する。

こうした「争点連関」に加えて、最後に指摘しておきたいのは、ニュース・テクストの構成や意味に影響を及ぼすのは、必ずしも過去の出来事やそれに関するニュース・テクストだけではないという点である。先に、専門職業人としてのジャーナリスト、あるいはその集合体としての「解釈共同体」によって継承されてきた物語、そして知識、記憶、イメージがニュース・テクストの構成や意味に影響を及ぼすと述べた。その一方で、そうした物語や知識、記憶、イメージに対しては、ニュース・メディア以外のメディアによって提供されるテクスト、たとえば小説、映画、テレビ・ドラマ、さらには近年では（風評も含む）インターネット上で提供されるさまざまな情報も影響を及ぼす点も重視すべきである。この場合、ニュースというジャンルを越えた外的間テクスト性の作用を見出すことができる。

間テクスト性という観点から、ニュース・テクストの生産過程を見ると、おおよそ以上のようにまとめることができる。ただしその過程では、前述したように、とりあえずはジャーナリストやニュース・メディアが主導権をもつという点は再度強調されるべきと思われる。それはたとえば、出来事のフレーミングに関する以下の指摘を参照するならば了解できよう。

フレーミングとは、出来事に関するジャーナリストの解釈と、そうした解釈の意味づけを行う文脈の両者を反映する過程と考えられる。フレーミングには、オーディエンスがニュースを解釈する際の準拠フレームをジャーナリストが設定するという作業がともなうのである（Zelizer 2004: 141）。

ところが、外的間テクスト性を問題にするならば、これまで繰り返し述べてきたように、専門職業人としてのジャーナリストやニュース・メディアだけを対象とするだけでは不十分である。なぜなら、社会的出来事に関する物語、そして知識、記憶、イメージというのは、社会の構成員の多数派で共有され、ふだんはジャーナリストもその枠内で活動しているからである。こうした観点、そして大きな（メタ）物語という観点からニュースの物語について考察を加えるならば、以下で論じるように、言説分析におけるもうひとつの問題である、社会の支配的価値観の再生産という社会文化的実践と、ニュース・テクストの生産と受容という言説実践との関連について論じることが必要になる。

6 「大きな（メタ）物語」と社会文化的実践

大きな（メタ）物語に関して、かつて興味深い見解を提示したのは、科学技術の発展と普及、生活水準の向上などを根拠としながら、階級対立を重視するマルクス主義に対して根本的な異議を申し立てたD・ベルの「イデオロギーの終焉」という主張であった（ベル 1960=1969）。周知のように、ベルは後年その延長線上で「脱工業化（産業）社会の到来」を主張するに至った。それに対し、先に若干ふれたように、F・リオタールは「ポスト・モダン」の考え方を前面に出しながら、マルクス主義を含め近代科学を基盤に成立してきた近代社会、あるいは近代化という「大きな物語」そのものに対して、以下に示すような疑念を表明した。

科学はみずからのステータスを正当化する言説を必要とし、その言説は哲学という名で呼ばれてきた。このメタ言説がはっきりとした仕方でなんらかの大きな物語――《精神》の弁証法、意味の解釈学、理性的人間あるいは労働者としての主体の解放、富の発展――に依拠しているとすれば、みずからの正当化のためにそうした物語に準拠する科学を、われわれは《モダン》と呼ぶことにする。……極度の単純化を懼れずに言えば、《ポスト・モダン》とは、まずなによりも、こうしたメタ物語に対する不信感だと言えるだろう（リオタール 1979=1986：8–9）。

近年、たとえば科学技術に対する不信の高まり、管理社会化のいっそうの進展、グローバリゼーションにともなう国家の役割の減退といった傾向に対する認識が普及し、それにともない近代社会という現実、そしてモダン（近代）という概念の有用性に対する疑念は一段と増大してきた。しかし、その一方でさまざまな疑問は提示されながらも、近代科学への依存という状況は依然として支配的であり、近代を構成してきた大きな物語がポスト・モダンへの移行を妨げているという見方もできる。近代という「大きな物語」は、たしかに時代や社会によって変化し、多くの変種を生み出してきたものの、現代社会においてもやはり大きな役割を担っているという評価を行うことも十分可能である。

ここでは近代を構成してきた「大きな物語」として、以下のものをあげておく。それは、国民国家と連関する民主主義といった政治体制や政治システムに関する物語、それと密接に関連する国家を単位としたナショナリズムや国益という物語、またとくに経済的領域における自由競争の利点を強調する資本主義（なかでも新自由主義）という物語、政府による諸資源の再分配を重視する社会民主主義という物語、福祉社会やコミュニティの必要性といった社会の連帯に関する物語、そして科学技術の発展や進化という物語であり、それらはいまだ根強く存在している。こうした近代の大きな物語は、互いに連関し、補強し、ときには反発し合いながら、少なくとも欧米を中心とする先進産業社会では、さまざまな修正を加えられながらも、一群の支配的価値観あるいはイデオロギーとして機能してきた。

もちろん、先進産業社会においても、おのおの社会には個別の大きな「文化的」物語が存在し、それらが前掲の近代の「大きな物語」と接続する場合もあるし、相容れないこともある。ただし、こうした文化的物語にしても、それを共有する社会の構成員としての「国民」は、社会の「常識」に依拠しつつ、比較的同様の思考様式や行動様式、そして生活様式を身につけることで、「創られた伝統」（H・ホブズボーム）の再生産（ときには修正）に寄与しているほうが一般的である。あるいは、そうした「国民」は、「想像の共同体」（B・アンダーソン）という国民国家の一員として、ほとんどの場合無意識のうちに、国民文化、そして集合的記憶としての国民的記憶の再生産や更新（ときには修正）に寄与している場合がほとんどである。国民のあいだで共有されている大きな「文化的」物語は、日常の社会生活では暗黙の前提として存在しているとも言える。先進作業社会においては、これらの大きな「文化的」物語は、国民国家という場で民主主義や資本主義、さらにはナショナリズムといった政治・経済・社会をめぐって成立してきた「大きな物語」と連関することで、社会の支配的な価値観を再生産しているととらえられるのである。

このような視点に立つとき、近代社会のジャーナリストとニュース・メディアによるニュース・テクストの生産過程、そしてオーディエンスによるニュース・テクストの受容過程という言説実践が、社会の支配的価値観を再生産する社会文化的実践の一部であると同時に、その中で中心的位置を占めていることが了解される。言説実践とは、前述した社会文化的実践を構成する経済的文脈、政治的文脈、文化的文脈によって規定されつつ、またそれらを再生産する過程だからである。

ただし、やはり前述した「創造的言説実践」に着目するならば、こうした社会文化的実践の中に、出来事やニュース・テクストに関する既存の支配的な物語による統制に抵抗し、その変革を試みるジャーナリストやニュース・メディア、そしてオーディエンスの存在や機能を組み入れることの必要性と重要性があらためて認識される。ジャーナリストは専門職業人としての制約が存在することから、支配的価値観に基づく大きな物語の影響を受けやすいという一面をもつが、他方で社会におけるメディア・テクストの生産の中心的担い手、すなわち「象徴エリート」として自らの言説実践を客体化しながら意識的かつ合理的に創造的言説実践に関与する可能性を有しているのである。

7　むすび――物語の重層性とニュース・バリュー

かつてニュース・バリューに関しては、一般にジャーナリストやニュース・メディアがニュースの生産過程において用いる出来事の選択基準、また報道するニュース項目の順序づけ、そしてスペースや時間の配分を決定する際の基準と理解されていた。専門職業人としてのジャーナリスト、その集合体としてのニュース・メディアという組織は、自らが獲得した、あるいは内面化した価値基準（あるいはニュース感覚）に照らして、さらにはジャーナリズムという「解釈共同体」という制度化された枠の中で出来事をニュースに変換している。その際に用いる基準がニュース・バリューと呼ばれてきた。そして、ニュース・バリュー研究の中心は、ニュースの生産過程とその産物としてのニュース・テクストに置かれてきた(4)。

しかし、これまで論じてきた物語論を見るならば、こうしたニュース・バリューに関する理解だけでは不十分なことがわかる。本章では、さまざまな社会文化的実践の中で大きな物語が具体化され、その実践の中心に位置するのがニュースの生産過程と受容過程という言説実践であること、そしてそうした言説実践の産物がニュース・テクストであるという視点を提示してきた。前述した外的間テクスト性という観点を取り入れるならば、ニュース・テクストの生産という言説実践は、大きな物語の枠内にある多様な社会文化的実践の中では、（その中心には位置しながらも）ひとつの構成要素と見るべきなのである。

したがって、ニュース・バリューにしても、それとニュース・テクストの関係だけではなく、オーディエンスによるニュース・テクストの受容過程という言説実践との関係、ニュース・テクスト以外のほかのテクストに関する言説実践との関係（間テクスト性）、そしてニュース・テクストをめぐる言説実践とは別の社会文化的実践をも含む「大きな物語」との関連から考察を加えることが必要となる。逆から見れば、ニュース・テクストを形成する基準としての、あるいはジャーナリズム論の最も重要な研究対象であるニュース・バリューに関しても、こうした物語の重層性を認識しながら分析することが不可欠であり、それが権力（関係）という問題構成を採用するジャーナリズム研究のまさに中心に位置すべき作業と考えられるのである。

注

（1）物語に関しては、比喩的かつ文学的表現ながらも、以下の説明が興味深く、ニュースの物語について考える場合には大変参考になる。「物語を書くことは、星空の星を結んでいくようなものだと思うんです。昔の人は空を見上げて、ああも結べる、こうも結べるという中で星座を作ってきたわけです。当然、結ばなかった星も無数にある。ひとつの物語を書くというのもそれと同じように、いつも無数の結び方の可能性の中から選んで星座を作っているわけです。そこには『語られなかった物語』がかならず残ってしまう」（重松 2011：54）。ここで言う「語られなかった物語」が、「ジャーナリズムの不作為」（第5章、第6章）の問題と密接に関連しているのは明らかである。

（２）物語を構成するストーリーとプロット、両者の関係性については、「ストーリーはプロットに対して、その筋立て構成を生みだす前提としての、プレ・テクストに過ぎない」（石原ほか 1991: 84-85）という、プロットを重視する見方も存在している。

（３）この点に関しては、以下に示す「言説と文脈」の相互関係に関する基本的な命題が多くの示唆を与えてくれる（Johnstone 2002: 9）。①社会（世界）は言説を形成し、言説は社会（世界）を形成する。②言語（言葉）は言説を形成し、言説は言語（言葉）を形成する。③コミュニケーションの参加者は言説を形成し、言説はコミュニケーションの参加者を形成する。④過去の言説は現在の言説を形成し、現在の言説は未来の言説の可能性を形成する。⑤メディアは言説を形成し、言説はメディアを形成する。⑥コミュニケーションの目的は言説を形成し、言説はコミュニケーションの目的を形成する。

（４）ニュース・バリューのこうしたとらえ方は、以下に見るジャーナリズムが有する「偏向」と言い換えることも可能である（de Beus 2011: 27）。それは、政治に関してジャーナリズムは、妥協よりも抗争を、統一よりも分裂を、争点やその原因よりも個人や動機を、理念よりも力関係を、政策よりも政局を、政治の本質よりも党派的な戦略や戦術を、法的視点よりも倫理的視点を、論議よりも感情を、深刻かつ困難な視点よりも娯楽的視点を、ハードニュースよりもソフトニュースを、複雑な視点よりも単純な視点を、長期的視点よりも短期的視点を、日常よりもドラマ性を、エリートの視点よりも庶民の視点を、肯定的視点よりも否定的視点を、それぞれ強調する傾向が高いというものである。

第3章　メディア・フレームと社会運動

1　はじめに

マス・コミュニケーション論、あるいは政治コミュニケーション論は、おもに社会学の領域で論じられてきたフレーム（フレーミング）という概念を取り入れ、それをメディア・フレームとして鋳直《いなお》すことで、新たな視座を獲得してきた。前章でも触れたように、こうした理論動向の特徴は、マス・コミュニケーション論の主流に位置してきたマス・メディア効果論では比較的看過されていた、伝達・交換される情報やメッセージの意味、およびそこで扱われる出来事とその関与者が意味づけされる過程に強い関心を寄せることに求められる。同時に、マス・コミュニケーションという社会過程を権力作用として読み解くという、これまでの視座とは異なる角度から考察することにある。

本書のこれまでの検討から、ニュースの物語が単に社会的出来事を報じるニュース・テクストの意味を規定するだけではないこと、そしてニュースの物語と社会の支配的価値観との連動という問題が重視されるべきという点は明らかになったと思われる。そこで以下では、社会問題を契機に生じる社会運動とマス・コミュニケーション過程の中で生成されるメディア・フレームとの関連について、理論的な検討を行うことに主眼を置く。その主たる理由は、以下の点に求められる。

第一は、社会運動論においては「社会運動現象は、その構造的側面からの分析とは別に、その意味世界の探求が必要になるということ、さらに社会運動現象は、仮にそれが構造的に一枚岩に見える現象であっても多様な意味側面を内包する」（野宮 2002: 14）という認識が広く共有されるようになり、それとともにフレーム分析の有用性が論じられるようになったことである。第二は、そうした多様な意味を内包しつつも、社会運動が基本的には既存の政策、さらには政策過程における資源配分に対して異議を唱えるか、あるいは要求を行うものであり、さらには社会の支配的な価値観とそれと連動するメディア・フレームの変化を促す可能性を秘めていることである。なお、こうした視座の設定を行うことは、本書で後に検討する（第5～7章）、社会問題や社会運動とメディア・テクストとの関連について論じるための準備作業という意味も有している。

そこで本章では以下、フレーム、あるいはフレーミングの概念を媒介とした、マス・コミュニケーション論（さらには、政治コミュニケーション論）と社会運動論との連関という問題を中心に考察を進める。ただし、その作業に入る前にマス・コミュニケーション論、政治コミュニケーション論、そしてジャーナリズム論におけるメディア・フレーム論の展開について概観することにしたい。

2 メディア・フレームのとらえ方

ここではまず、おもに社会学の既存の理論や視座を参照しながら、マス・コミュニケーションの分析枠組みに引き寄せた、フレームとフレーミングに関する有力な定義を掲げておこう。それは、「フレーミングとは、認識された現実のいくつかの局面を選択し、伝達されるテクストの中でそれらの局面を顕出化させること」(Entman 1993: 52) というものである。

この定義によるならば、人々はある事象や出来事を他者に伝達し、説明する際に、その出来事に含まれる構成要素の中からいくつかを選択ないし抽出し、それを再構成することによって、意味づけを行うことになる。したがって、フレームとはこうした出来事の構成要素の選択や抽出、さらには出来事それ自体の意味づけという一連の作業を行う際の基準を意味するというわけである。換言すると、フレーミングという過程を通して個人ないしは社会のレベルで再生産や更新（ときには変化）、あるいは制度化されるもの、それがフレームである。フレーミングという作業は、コミュニケーション過程において日常的に行われている。そして、フレームの機能に関しては、①問題の定義と明確化、②問題の原因の発見、③道徳的観点からの判断、④問題解決の方策の提示、と説明されたことがある（同）。

こうしたフレームのとらえ方は、メディア・フレームにも当然適用できる。ただし、マス・コミュニケーションという社会過程において動員され、活用されるメディア・フレームについては、これまですでにさまざまな角度から論議されてきた。というのも、マス・コミュニケーション論では専門職業化したジャーナリズムとメディア・フレームの関連という問題が、ニュースの生産過程と受容過程、いずれにおいても多くの関心を集めてきたからである。

くわえて、以下で示すようにこうしたメディア・フレームの存在や機能、そしてそれを前提としたジャーナリストの行為が、これまで広く受け容れられてきたジャーナリズムの規範や慣行に抵触することになるという点も重要である。というのも、近代社会においてジャーナリズムは、客観報道、公正・中立な報道といった志向性を有することを職業規範とし、それによってニュースをはじめ提供する情報に対する信頼性をオーディエンスから得てきたからである。このことは同時に、ジャーナリストやニュース・メディアに対する信頼度や社会的地位も高めることになった。ところが、フレーム、あるいはフレーミングという用語や概念をジャーナリズム論に取り入れることは、客観報道などのジャーナリズムに対する規範的な要請とは異なる、もうひとつの視点を提供することになる。なぜなら、「メディア研究の重要な問いは、報道を行うにあたり偏向や選択が存在するか否かということではない。ある一定の視点に立って、メディアが社会を記述し、説明するというのは当然のことである。この点をより深く理解するのに必要になるのが、『フレーミング』に関する考察である」(McCullagh 2002: 25) という視点が優先されることになるからである。

この観点に立つならば、メディア・フレームとニュースの生産過程におけるフレーミングは以下のように把握されることになる。

> フレーミングとは、すでに馴染みのある文脈の中で、ニュースの項目やその内容に関して作動する思考の慣行を示している。メディアは、あらかじめ定義された狭い文脈の中でニュースを伝えることにより、フレームを産出する用具になりうる。フレームは、ニュースをより大きな構図に結びつけることで、ニュースに関する人々の理解を深め、認識しやすくさせる (Lilleker 2006: 82, 傍点引用者)。

このようにフレームとフレーミングという用語や概念を採用することで、マス・コミュニケーション論、政治コミュニケーション論、そしてジャーナリズム論は、従来の規範的な視点からいったん離れて、さまざまな「思考実験」を行うことが可能になったと言える。以下、そのいくつかの局面について論じてみる。

3　メディア・フレーム論の諸相

(1) アジェンダ設定モデルとの関連

最初に指摘できるのは、フレーム概念が、マス・コミュニケーションの効果（影響）モデル、とくにアジェンダ設定モデルの発展を促したことである（大石 2005: 104-110）。それは、アジェンダ設定研究が、「一般市民の注目というレベル、すなわち注目の対象としてのアジェンダに対する効果から、一般市民の理解というレベル、すなわちアジェンダの属性に対する効果」（McCombs 2004: 118）へと拡大してきたことにほかならない。ここで言う「アジェンダの属性に関する一般市民の理解」をかたちづくるのがフレームであり、その過程がフレーミングというわけである。一般市民のこうした理解の過程の中で、フレームは再生産されるか、あるいは変化を促されることになる。この点は、たとえば選挙時のメディアが、「争点や候補者をいかなるフレームを用いて描くということが――すなわち、いずれの考えを中心に、あるいは争点のどの局面を選択して受け手に提示するかということが――、アジェンダ設定の強力な役割となっている」（McCombs and Reynolds 2002: 12）という指摘に表れている。

ただし、アジェンダ設定モデルの展開はそれだけにとどまらない。アジェンダ設定モデルの主唱者は、受け手の効果研究に加え、ニュースの送り手研究としてこのモデルをとらえ直し、検証することの必要性を主張し、実はかなり早い時期から複数の送り手が共有するフレーム、そしてそのフレームが受け手のフレームに及ぼす影響も射程に収めるようになっていたからである（マコームズほか 1991＝1994）。しかしながら、この段階においてもアジェンダ設定モデルは、メディア・フレームのオーディエンス・フレームに対する効果や影響という問題を中心にすえていた。したがって、これまで変化し、発展をとげてきたアジェンダ設定モデルにしても、「強力（あるいは中程度）効果モデル」に属することになり、マス・コミュニケーション研究の効果モデルの一種として位置づけられ、評価されてきたのである。

（2）ゲートキーピング研究との関連

このようにフレーム概念は、ニュースの送り手研究、すなわちニュースの生産過程に関する研究と関連することで、新たな視点を提供することになった。送り手研究の中でニュースの生産過程の問題をいち早く直接に扱い、検証を試みたのがゲートキーピング研究である。知られるように、ゲートキーピングとは、ニュース・メディア内部で行われる作業、すなわち「ある特定のニュースが、ニュース・メディアの複数の『ゲート』を通過して、ニュース・チャンネルに到達できるか否かという決定過程」（マクウェール 2005＝2010：402）を指すものである。初期のゲートキーピング研究は、ニュースの取捨選択を行う「編集者たち＝複数のゲート」に焦点をあわせていた。その後、ゲートキーピング研究は、フレーム概念などの影響を受け、以下に示すようにさらなる発展をとげてきた。

第一は、ニュース・バリュー論との関連を深めてきたことである。ゲートキーピングとは、出来事がニュースに変換される過程、すなわちニュースの生産過程における出来事の取捨選択、そして採用された出来事の構成要素の「編集」といった一連の過程を指し示すものである。そして、出来事やニュースの取捨選択、そして報道されるニュースの優先順位の基準となるのがニュース・バリューである（第2章）。

ニュースの制作現場にいるジャーナリスト、およびニュース・メディアという組織は、オーディエンスが特定の場所で起きる出来事、特定の組織の活動、そして特定の話題に関心をもっていることを知っている（タックマン 1978＝1991：36–37，参照）。それゆえに、こうした出来事、活動、話題が生じる「現場」にジャーナリストは配置されているのがつねである。言うなれば、ニュース・バリューが取材体制そのものをかたちづくるのである。ここで留意すべきは、ニュース・バリューが単にジャーナリストやジャーナリズムの組織や業界だけでなく、オーディエンスをも含む社会の多数派の中で共有されており、日々のニュースの生産過程と受容過程の中で再生産されて（あるいは変化して）いるという点である（第1章、第2章）。ジャーナリストの実際の活動を見るならば、無数に生じる日々の出来事の中からニュースとして報じるに値するものを選択する際、その出来事の構成要素の中に既存のフレームに適合するものがあるか否かが、ニュースの編集過程におけるゲートを通過するかどうかの重要な基準となる。前述したフレーミングの説明の中の「思考の慣行」は、フレームというかたちをとり、個々のジャーナリストの中に埋め込まれているのである。

それに関連して第二に、先に引用したように、フレームは出来事やニュースを社会の構成員によって共有される、より大きな構図と結びつける役割も担う。ここで言うより大きな構図については、次のようにとらえることができよう。すなわち、ある出来事が、過去に生じた、あるいは同時期に生じた、そしてマス・メディアなどによって報じられた、重大な出来事と関連しているか否かということである。こうした問題の関連性は、個々の出来事のフレームというよりも、複数の出来事を総合する上位のフレーム、すなわち「大きな物語」や「メタ物語」が存在すること、くわえてそうした上位のフレームがニュース・バリューに影響を及ぼす可能性を示している（第2章）。さらに、上位のフレームが、前述したニュース・バリューと同様、社会における支配的な価値観、あるいは社会の多数派に共有され、彼らの思考様式や生活様式を規定する「常識」（あるいは社会的な規範や慣例）と連動している可能性が高いことも重要である。こうして見ると、メディア・フレームは、出来事の選択、それと並行して生じる出来事の構成要素の選択と抽出を行う際の基準を提供すると同時に、ほかの出来事と関連づけ、複数の出来事を総合する上位のフレームとしても機能しているととらえることができる。

(3) 批判的コミュニケーション論との関連

これまで述べてきたように、フレームは社会の支配的な価値観や規範、そして常識などと連動しつつ作用している。フレームのそうした権力的側面に注目するならば、つぎにはこの種の問題に焦点をあて、考察を進めてきた批判的コミュニケーション論との関連がきわめて重要になる。そうした関心から見るならば、批判的コミュニケーション研究の重要な概念のひとつが、以下に示すようなマス・メディアによって社会的に構築される「虚偽意識」である点は重視すべきであろう。

> マス・メディアは、無分別に、しかし絶え間なく、ナショナリズム、愛国心、社会的同調性、宗教心を煽るが、それらはすべて社会的構築の例と考えられる。最近の批判理論は、こうしたイデオロギー的な強要を論点とし、またそれに対する抵抗の可能性について論じてきた。その際、ヘゲモニックなメッセージを解釈する可能性が強調された。とはいえ、批判理論が強調するのは、現実に関して選択的で偏見のある見解を再生産する機関としてのマス・メディアである（マクウェール 2005＝2010：132）。

このように批判的コミュニケーション論では、マス・メディアは現実に関して選択的で偏見のある見解、すなわち暗黙裡に現状維持を是認する虚偽意識を再生産する機関と位置づけられるのであり、フレームはその過程で重要な役割を担うことになる。その際に論点となるのが、これまでも批判の対象となってきた営利主義を前面に押し出す、資本主義社会におけるマス・メディアの企業としての志向性と、それに基づく社会的機能である。もちろん、フレームは前述した上位のフレームとしてニュースの生産過程のみならず、受容過程においても作動し、影響を及ぼすことから、虚偽意識と連動する資本主義社会における支配的な価値観の再生産に寄与するととらえられることになる。

こうした問題はつぎには、出来事の「名づけ」を通した現実の「定義づけ」という一連の過程で作動する権力的側面に対する関心へと展開されることになる（第１章）。というのも、この過程を簡略に示すと、①言葉による出来事の名づけ→②出来事の意味づけと定義づけ→③こうした作業の背後に存在する支配的な価値観の再生産、という図式が想定されるからである。ただしここで重視すべきは、批判的コミュニケーション論によれば、こうした虚偽意識の形成や再生産が、ニュースの生産過程と受容過程に限定して生じるとは考えないという点である。この種の見解は、知られるように、たとえば大衆文化という用語や概念を駆使しながら、人々の日常生活における虚偽意識の問題にも強い関心を寄せるのである(1)。

この視点に立つならば、大衆文化を積極的に受容し、消費するオーディエンスは、政治エリートや文化エリートによって一方的に支配される存在ではなく、大衆文化の生産や受容（消費）といった日常的な文化的な活動を通じて、社会の支配的な価値観、さらには支配的な文化の再生産に加担する存在と認識されることになる。こうした再生産過程をもとにして、オーディエンスの存在と志向性は、さまざまな局面でメディア・フレームと連携しながら、出来事やニュースに関するフレームを形づくることになる。すなわち、大衆文化の生産と受容（消費）という過程を通じて再生産された社会の支配的な文化が、ニュースの生産と受容過程に対して、メディア・フレームと連関しながら影響を及ぼすと見なされることになるのである。

以上見てきたように、批判的コミュニケーション論においてメディア・フレームは、フレーミングの過程を経て社会の支配的な価値観や文化を再生産することで、社会の変革ではなく現状維持に寄与すると把握され、それゆえに概して批判の対象となってきた。ただし、これまで述べてきたように、メディア・フレームが一方向的にオーディエンスに影響を及ぼすのではなく、それは社会のオーディエンス・フレームと共鳴、ないしは共振しながら作用する点は強調されるべきである。

(4) 言説分析との関連

批判的コミュニケーション論が展開される中で、メディア・フレームとオーディエンス・フレームとのこうした共鳴性や共振性に注目し、メディア・テクストの生産過程と受容過程における意味づけの動態に焦点をあわせた研究、すなわち言説分析がしだいに関心を集めるようになった。ここでは前章までの検討を踏まえつつも、以下の説明に見るように、とくに言葉（あるいは単語）との関連に注目しながら、言説分析の特徴について再論してみる。

> 出てくる単語の意味を確定的にあつかえば、言説分析から遠ざかる。それに対して、それぞれの意味をいったん宙吊りにして、たとえばどの単語がどの単語によく組み合わされるかから、その意味をとらえ直してみれば、言説分析に近づく。……（確定されたはずの単語の意味をいったん）宙吊りにして確定単位を解除することで、その関係づけが何に関係しているのかをさぐる。そこに見出されるものはしばしば力（権力）と呼ばれる（佐藤 2006：18–19，カッコ内引用者）。

この説明によれば、おのおのの言葉や単語のもつ意味ではなく、言葉や単語の組み合わせや関係、それによって生じる文脈、さらにはそこに見出される権力を分析対象の中心にすえ、その解明を目指すアプローチが言説分析ということになる。言説分析におけるこうした権力のとらえ方に着目するならば，「言説分析は，言説の分布の偏りや特有の配列のなかに，言語ではない作用を認める。……言説分析は，言説だけを扱いながら，その背後にさまざまな権力の効果を見出す。そして，ある時代・ある社会に特有な，さまざまな権力の作用を具体的に実証していく」（橋爪 2006：193）研究手法として把握されることになる。

「言説分析もひとつの言説」という批判をいったん「宙吊り」にするならば，メディア・テクストのみならず，社会で歴史的に構築されたメディア・テクストの集積体としての言説に焦点をあわせ，そして言説の意味が意図的ないしは非意図的に構築され，構成される過程を分析対象とし，その過程で作用する諸力を明らかにすること，それがメディアの言説分析ということになる。ちなみに，言葉による現実の構築過程に焦点を合わせた言説分析の基本的な視座は次のように整理されている。

> 言葉は現実を反映すると同時に，ある一定の方向に向けて現実を構築する。したがって，言葉は社会的現実の生産や再生産を表象し，その作用に寄与する。言葉と社会のそうした弁証法的な関係は，多種多様な分析レベルで観察されうる。それはたとえば，言語的には記号，そして制度的にはメディア企業の活動の（再）生産である。また，政治的には権力や地位，権力者が支持するイデオロギー，そして社会文化的には知識，価値観，アイデンティティの（再）生産である（Franklin et al. 2005：64）。

以上の点から言説分析とは，メディア・テクストの意味をいったん動態化，ないしは流動化させ，それを社会的かつ歴史的な文脈の中に置きつつ，そうした文脈との関連から，メディア・テクストの生産過程と受容過程における意味づけにおいて，さまざまなレベルで働く権力作用の分析を行う視座，および研究手法であることが再度了解される。

この場合、メディア・フレームは、出来事がメディア・テクストに転換される際に、そしてメディア・テクストを解読する過程において作用する諸力を可視化させ、具体的に提示するための重要な用具ととらえられることになる。また、観察者や分析者にとっては、そうしたメディア・フレームやその産物としてのメディア・テクスト、そしてオーディエンス・フレームを通して、出来事の意味づけと意味の解読の過程を探究することにより、ここでもやはり上位のフレームと結びつけて分析することが必要かつ可能になる。なお、こうした上位のフレームが歴史的に構築され、蓄積されたものであるのは当然である。

ただしここで留意すべきは、言説分析が、そうした生産過程や受容過程における多様なフレームに依拠した、多様な意味の産出の可能性を積極的に認めながらも、同時に社会の各レベルで働く権力作用の動態を強く意識することである。それは、産出される意味の多様性の中に階層性や支配性を見出すことであり、また合意や同意という形態をとりつつ作用する権力、すなわちヘゲモニーを問題にすることでもある。

こうした問題関心はつぎには、メディアの言説とその意味が「非意図的」に構築される過程へと拡大する。その際に依拠され、活用されるのが「物語」である（第2章）。出来事の構成要素がフレームによって選択され、抽出されると、それらは順序づけられるか、あるいは秩序化され、ニュースが提示されることになる。こうした順序づけや秩序化の際に参照されるのが、社会の多数派で共有されている支配的な価値観に基づく物語、すなわち支配的物語である。逆から見れば、支配的物語は出来事が順序づけ、秩序化される過程の中で再生産されている。そして、やはり前章で検討したように、物語という概念は、「大きな物語」や「メタ物語」という言葉に象徴されるように、本章でこれまで用いてきた上位のフレーム、そして支配的な価値観、常識、さらにはイデオロギーが再生産される（あるいは変化する）過程と深く結びついているのである。

これら一連の過程の中で、ニュースの生産過程で用いられた物語はオーディエンス・フレームによって解読され、その結果、社会の多数派で共有されるフレームは維持され、強化されることになる。換言すると、メディア・フレームはオーディエンス・フレームと物語を通じて連動することにより、社会の支配的な価値観や文化、すなわち上位のフレームの再生産に寄与すると見なしうるのである。

そこでつぎに、メディア・フレームに関するこれまでの検討を踏まえ、メディア・フレームと政治参加、とくに社会運動との関連に関して論じることにする。

4　社会運動論とメディア・フレーム論の交錯

民主主義社会において、社会の成員が自らの意見や利害を主張し、政策過程に関与するという意味での政治参加は必要かつ不可欠である（第1章、参照）。すなわち、「市民は政治参加を通して、公共財や価値の配分に関する自己の選好を伝達し、政府の行動と市民の選好が矛盾をきたさないように圧力をかけ、政府の決定をコントロールする」（蒲島 1988: 4-5）可能性をもつことが、民主主義社会の前提かつ必要条件とされている。そして、社会運動というのは、政治エリートに対して「圧力」をかけるための手段、あるいは経路のひとつなのであり、政治参加の重要な一形態だと言える。社会運動が提示した問題や争点、そして社会運動それ自体の展開にとって、メディア・フレームが重要な要因となる事例は数多く見られる。

以下では、社会運動とメディア・フレームが交錯する過程に関して、いくつかの角度から考察を行うが、その作業に入る前に政治参加としての社会運動の位置づけを簡単に行う。それにより、民主主義社会における社会運動の機能と重要性について再確認しておきたい。

（1）政治参加としての社会運動

前述したように、社会運動は政治参加の重要な一形態であるが、それも含めた民主主義社会における政治参加は以下の形態に大別される。

第一は、法律によって制度化された選挙時の投票という政治参加であり、これは代議制民主政治の根本に位置している。ただし、投票は言うなれば非日常的な政治参加の形態であり、また有権者にとっては自らが投じる一票の重みが実感できないことも多々ある。同時に、実際の政治的な有効性感覚はそれほど高くないという傾向が見られるのも事実である。さらに、近年のメディア政治の進展は、とくに国政レベルでの選挙をイベント化させ、有権者は「観客」のまま政治に「参加」するという逆説的な状況が一般化している点は押さえておく必要がある。

第二は、組織化され、社会レベルで認知されている集団や団体（それは一般に、利益集団や圧力団体と呼ばれる）に加入し、それらを通じて自らの意見や利害を表明するという政治参加の形態である。これらの組織の多くは、政治家や官僚といった政治エリートとの交流を通して、日常的に政策過程に影響を及ぼすための諸資源を有している。ただし、その形態は多様であり、政策過程に対する影響力の程度もさまざまである。また、そうした影響力が強く、規模の大きい組織は、概して多くの既得権益を有していることから、組織の存続や利害を優先する傾向が高くなる。くわえて、政治エリートの一部に組み込まれ、政策に対する批判勢力としての意義を減退させるケースも数多く見られる。さらには、この種の組織では成員の意見や利害が組織の方針や決定に十分に反映されないという問題もかかえている。

そこで登場するのが、政治参加の第三の形態としての社会運動である。これまで既存の政治・経済・社会体制に対して根本的な異議を唱え、その変革をめざす社会運動もたしかに存在してきたが、民主主義社会では一部の運動を除き社会運動がそのような方針を打ち出すことはまれである。たとえ、そのような方針のもとに運動を展開しても、通常は一般市民からの支持を得ることはほとんど期待できない。民主主義社会における社会運動は、住民運動や市民運動という形態をとり、単一ないしは比較的少数の問題や争点をめぐって運動を展開し、組織化を行い、政策過程に影響を及ぼすことを目標とするのが一般的である。近年では社会運動は、運動組織間での（ときにはグローバルなレベルでの）ネットワーク化が進むなど、新たな展開を見せるようになってきた。ただし社会運動にしても、政策過程に影響を及ぼすためには、一定の運動資源を常備する必要が生じる。それゆえに、運動の組織化が進み、圧力団体や利益集団とほぼ同様の形態をとる例も数多く見られ、その場合にはそれらの団体や集団と同種の組織上の問題に直面することになる。

(2) フレーミングという権力

それでは、社会運動の発生や展開にとって、メディア・フレームはどのような影響を及ぼすのであろうか。あるいは、社会運動論とメディア・フレーム論はどのように交錯し、相互に影響してきたのであろうか。社会運動はさまざまな要因によって生じるが、その前提には既存の政治参加の手段では政策過程に自らの主張を反映させる機会が乏しいという状況がある。社会運動は、とくにその発足時においては概して動員可能な資源が乏しく、政策過程への参入が困難である。社会運動がある社会問題をめぐって政治エリートなどと対峙し、それが社会紛争へと展開した場合、一般に動員可能な資源の多寡が紛争の推移に影響を及ぼすことになる。専門化や組織化の程度が十分でない社会運動組織とその構成員は、運動資源の乏しさゆえに、社会紛争の展開過程では不利な立場に置かれることが多い。

その際に、運動資源の不足を補う役割を担いうるのが（マス・）メディアである。というのも、マス・メディアによって問題や争点が報道された場合、あるいは近年ではソーシャル・メディアを通じて問題や争点の存在が伝播された場合、紛争の当事者ではない一般の人々の意見の集合体としての世論が問題や争点をめぐって生じ、それが紛争規模を拡大させうるからである（(マス・) メディア依存型運動）[2]。たとえば地域開発をめぐる報道を見ると、開発賛成派と反対派、双方の主張をとりあげ、その背景を解説するという姿勢をとりながらも、それでもやはり結果的にはいずれかの主張を支持することになるのが一般的である。要するに、賛成・反対のいずれかのフレームによって地域紛争や住民運動という出来事の要素が選択・抽出され、物語化され、報道されるのである。

とはいえ、社会運動がつねにこうした「(マス・) メディア依存型運動」の範疇に組み込まれるとは限らず、また複数のマス・メディアが同じ論調となるわけでもない。たとえば、かつて新潟県巻町で生じた原子力発電建設計画をめぐる住民投票を求めて展開された住民運動の場合、それに関するマス・メディアの論調が必ずしも一様ではなかったことが報告されている（伊藤 2005）。この紛争においては、住民投票の実施、あるいはその妥当性というもうひとつの争点が提示され、原発立地という問題とは異なるフレームが作用したのである[3]。巻町の住民投票に関するマス・メディア報道をも含む諸見解については、以下のように要約されている。

「住民投票は間接民主制をないがしろにするもの」「国政の問題に関する判断として住民投票はなじまない」という言説が構築され、行政当局、政府当局、電力会社がこぞってこうした言説を通じて「原発建設」への合意を確保しようとしたのである。こうしたなかで新潟日報とテレビ局各社がこの圧力に抗して、ジャーナリズム機関としての役割を果たしたことは特別の意味をもっている。それは、けっして一方の運動体に肩入れする、という形で行われたわけではない。推進派、反対派、双方の反論や反対の主張、住民投票の正当性に関する相反する意見も詳細に報道された。それは「住民投票は民主主義をより一歩前に進めるものだ」という一貫した報道姿勢のもとで、なされたのである（同：256）。

ここでは、新潟県のローカル・メディアは、原子力発電所建設の必要性に関する賛否というフレームよりも、住民投票をめぐる賛否というフレームを用いることを優先させ、その観点から報じていたことが指摘されている。ただし、住民投票を推進する勢力は当初建設に中立的な立場をとっていたものの、その後「建設反対派」と「住民投票推進派」が歩調を合わせるようになった点は押さえておくべきであろう（渡辺 2005：26）。この指摘にあるように、原発建設の賛否というフレームは、住民投票の賛否というフレームとしだいに連関するようになった。この点は、この事例におけるローカル・メディアの機能と影響を考える際に留意する必要がある。

それに加え住民投票に関しては、全国紙の記事や解説を見ると、『読売新聞』が「消極説」、そして『朝日新聞』が「中間説」にほぼ対応し、それらの説がフレームとして機能していたことも指摘されている（伊藤 2005：226–31）。建設反対の社会運動にとって、ローカル・メディアの報道と『朝日新聞』の論調は、住民投票の推進という主張を媒介して有力な運動資源に転化したととらえられる。また、それとは異なり、住民投票に消極的な主張を展開していた『読売新聞』の論調にしても、この問題を報じることを通じて、結果的には巻町の住民投票という地域問題を全国的な問題へと押し上げるという機能を担い、また紛争規模の拡大に寄与し、原発立地の問題の重要性を全国レベルで再認識させたという役割を果たしたともとらえられよう。

以上見てきたように、社会運動の資源としてメディア・フレームは機能するが、その過程はかなり複雑である。すなわち、フレーム間の連関や対立という要因を抱え込みながら、オーディエンス・フレームと連動しつつ、メディア・フレームは社会運動や社会紛争、さらには政策過程に影響を及ぼすと言える。さらには、社会運動や社会紛争の発生や展開を社会不安の要因と見なすことで、それらを抑止する力も有しているのである。

(3) メディア・フレーム論の展開と「新しい社会運動」

上記の諸点に加え、ここでより考慮すべきは、フレーム（フレーミング）の概念を導入することにより、以下の視点が導き出されるという点である。それは、フレームが歴史的に培われるというその特性から派生する権力の問題を重視するという視点である。こうした権力は、前述したように、メディア・テクストを媒介にして、メディア・フレームとオーディエンス・フレームの相互作用によって蓄積され、社会の多数派のあいだで共有されてきたものである。この観点に立つならば、メディア・フレームに備わる権力とは、①歴史的に培われた社会の価値観の分布→②それに依拠しながら、あるいはそれを参照しつつ作動するメディア・フレーム（出来事の構成要素の取捨選択による物語化）→③社会の多数派が共有するオーディエンス・フレームの活性化→④歴史的に培われた社会の価値観の分布の再生産、という循環過程として把握されることになる。

メディア・フレームのメカニズムと機能をこのようにとらえると、先の批判的コミュニケーション論との関連で見たように、マス・メディアは概して社会紛争や社会運動の発生や展開を抑止する機能を担うことになる。とはいえ、マス・メディアのこの種の機能については、一定の経済水準を保ち、民主主義システムが作動している社会では、社会の安定や維持、さらには発展に貢献しているという肯定的な見方をとることもできる。他方、たとえこうした主張を受け容れるとしても、政治・経済・社会問題に関するマス・メディアの日々の報道、解説、論評が社会の支配的な価値観を具体化するフレームの枠内にとどまり、結局はヘゲモニックな諸力の一翼を担うことになるという見方も当然成り立つ。

こうして見ると、メディア・フレームは社会運動組織の運動資源として活用されることもあるが、他方では社会の支配的な価値観の分布を再生産させることで社会問題を潜在化させる機能を有しているのは確かである。先進産業社会では、先に示した循環図式が「順調に」作動し、社会運動の中にはその図式に組み込まれることで、影響力を減退させてきたものもある。

ところが、「ポストモダンの政治的局面」（大嶽 2007）においては、知られるように、かつての労働運動や住民運動を中心とした社会運動とは異なる運動が生じるようになってきた。すなわち、それまでマイノリティ（少数派）集団として社会の周辺に位置していた勢力が、たとえば人権という争点を提起しながら、「新しい社会運動」として立ち現れ、既存の規範や慣習、さらには法制度や体制に対して異議申し立てを行うようになってきたのである。この種の運動については、「先進諸国の先端的左翼運動が（マイノリティという）現代社会の周辺的な問題しか争点にしえなくなったことを意味している」（同：26）という評価を与えつつ、次のように説明されている。

このポストモダンの政治的局面では、……プロレタリアのアイデンティティを基礎とした社会主義運動に代わる、マイノリティ（少数民族、同性愛者、障害者、女性）ないしは植民地化された住民によるアイデンティティ・ポリティクスがその中核をなす。一言で言えば、ポストモダン思想は、新左翼に触発されるとともに、それに影響を与え、……「新しい社会運動」と総称される諸運動の登場と発展に貢献したのである（同：27）。

これらの「新しい社会運動」とそれを扱う研究においては、「所得格差、職業分布の偏りなどによって測定される」社会の構造的統合という問題から、「言語の習得の程度、習慣や行動様式の学習の度合いとそれへの同調の程度、好みや価値観、宗教意識や道徳観の受容の程度などによって測られる」（石川 1992：53-54）文化的同化をめぐって生じる紛争や運動へと重心を移行させてきたという指摘が行われたことがある。言うなれば、「搾取から疎外へ」、「階級からシステムへ」そして「経済から文化へ」という流れ、すなわち「文化の政治化」という流れの中で「新しい社会運動」は生じ、その流れを推し進めてきたのである。

「新しい社会運動（論）」では、これまで見てきたように文化とそれから派生する諸問題が主たる争点となる。もちろん、経済的な格差による搾取や階級間の対立という問題が解消されたわけではなく、そうした概念が無効になったわけでもない。しかし、必ずしも経済的な格差に還元できない文化的な問題を主たる争点とした「新しい社会運動」が頻発し、それへの注目度が高まってきたという評価はできるであろう。この種の運動の展開や目的という場合、個別具体的な問題や争点の解決と同時に、あるいはそれ以上に社会運動の構成員によって共有される文化、すなわち運動組織の文化の構築や変容という問題が重視されることになる。さらには、運動組織の文化の構築や変容が当該社会の支配的な文化や価値観、それらと連動している（おもにマス・メディアを担い手とする）メディア・フレームに及ぼす影響という問題が中心に据えられることになる。

（4）運動組織および運動構成員のアイデンティティと、メディア・フレーム

これまで述べてきたように、「新しい社会運動（論）」では文化が中心的な課題となり、それにともないさまざまなレベルで生成されるアイデンティティの問題に対する関心が高まってきた。こうした問題関心については、以下のように要約され、説明されたことがある（タロー 1994＝2006：206–208，カッコ内引用者）。

①「自然な」もしくは継承されたアイデンティティは、社会運動を結集させる基礎となる。しかし、運動はこれらのアイデンティティの意味を変革させるためにも闘争する。

②社会運動は集合的に、そして一貫した行動をするために、連帯を必要とする。自分たちの主張をめぐってアイデンティティを創造し、それに関与するのはそのためのひとつの方法である。

③「カテゴリー上の」アイデンティティの主張（社会運動の参加者による運動の自己定義）は、しばしば外側に

向けてのアピールとなる。それによって運動はメンバーと他者を区別する。運動の闘士の連帯は、しばしばより親密で特別な共同体を基礎にしている。
④アイデンティティの政治は、許容範囲が狭く、党派主義的で、細分化する運動を生み出しやすい。そうした運動はメンバーを増やせないし、アピールをより広いものとすることも、将来的な同盟者と交渉することもできない。
⑤社会運動の集合的アイデンティティを、永久的なもの、もしくは外部からの影響を何も通さないものと見なすことはできない。……アイデンティティも単純に一枚岩的に構成されるのではなく、政治的機会や制約、戦略上のニーズ、そして利用可能な文化的材料の変化に応じるものなのである。

ここで論じられているのは、主として社会運動の構成員によって形成され、共有される集合的アイデンティティに関する問題である。ただし、この種のアイデンティティにしても、運動の展開過程のなかでさまざまに変化していくことになる。なお、集合的アイデンティティについては、以下に見るように個人的アイデンティティ、および公的空間で形成されるアイデンティティ（パブリック・アイデンティティ）との関連から考察することの必要性がすでに指摘されていたことは重要だと言える（Johnston et al. 1994：12–20）。

①運動構成員の諸個人の内面的特徴と社会運動への参加動機の関連、そして運動への参加過程でのアイデンティティの変化が主題となる研究（個人的アイデンティティの問題）。
②たとえば「相互に交流している諸個人によって生み出される、相互作用的であり共有された定義」を通した「我々」意識の構築という観点から論じられるアイデンティティの問題（メルッチ 1989＝1997）、すなわち状

況の定義づけ、および自らがかかわる社会運動の準拠フレームをめぐって運動参加者のあいだで、相互作用、交渉、ときには対立が生じ、そうした過程を通じて形成される「我々」意識であるところのアイデンティティの構築、ないしは変容を主題とする研究（集合的アイデンティティの問題）。

③公的空間で形成されるアイデンティティの問題。ここでは、運動に直接関与しない人々による社会紛争や社会運動に対する評価がおもに扱われる。その際、重要な研究対象のひとつとしてマス・メディアがあげられる。すなわち、社会運動に対するマス・メディアなどの評価が運動組織の構成員のアイデンティティに及ぼす影響が主題となる（パブリック・アイデンティティの問題）。

アイデンティティの問題を重視するならば、社会運動が提起した問題や争点に関する運動構成員のあいだでのフレームの共有という問題がまずは重視される。さらには、その過程で形成されるアイデンティティ、なかでもおもにマス・メディアによって形成されるメディア・フレームによって強く影響されるパブリック・アイデンティティと連動しながら形成される集合的アイデンティティの問題に焦点が当てられることになる。すなわち、社会運動と政治エリート、世論、そしてマス・メディアと交渉する過程においては、運動組織の構成員のあいだでの問題や争点に関する意味の生産、構築、共有という問題、そしてその過程で形成される集合的アイデンティティと、運動構成員のあいだで共有される問題や争点に関するフレームといった問題に対する注目度が高まることになるのである。

くわえて、近年インターネットの普及により、社会運動は新たなネットワークの中で従来のものとは異なる展開を見せるようになってきた。こうした動きは、「アイデンティティ政治」の中の社会運動、あるいは社会運動組織の集合的アイデンティティという問題のみならず、社会運動のメディア利用という局面に対しても、これまでとは異なる性質を付与しつつある。以下の指摘はその象徴的なものである。

ICT（ソーシャル・メディアといった新たな情報通信技術）を利用すれば、協力関係や連帯を強化でき、外的な問題にすばやく対応できるようになるだけでなく、マス・メディアに頼らなくても広範囲な聴衆にメッセージを発信できるようになる。……行動と反応、反応と行動のサイクルが短くなり、新しい考え方や技術、主張が広まるスピードが格段に速くなる（ヴァン・デ・ドンクほか 2004＝2009：23-24，カッコ内引用者）。

実際、インターネットを活用した社会運動という形態は、日本社会をはじめグローバルなレベルで日常的に観察されるようになり、社会運動（論）の展開に新たな、かつ重大な要素を付加しつつあるのは確かである。

5　むすび

「新しい社会運動」に象徴される、「文化の政治化」、そして「アイデンティティの政治」に対する認識の高まりは、「民主主義の民主化」という、一見すると同意語反復とも言える問題提起と連関するようになった。社会の多数派からの差別や抑圧に対抗する「新しい社会運動」は、国家社会における少数派の主張、たとえば民族や宗教上の少数派の人権問題と連関するのが一般的である。さらに言うならば、そうした社会運動を重要な契機として、「ラディカル・デモクラシー（論）」へ展開されてきた点も見逃せない。そうした点を踏まえながらも、A・ギデンズはかつて「第三の道」を提唱する中で、イギリス社会を主たる対象としつつ、以下のような時代診断を下し、それと関連させながら「民主主義の民主化」に関する見解を示した。

二極対立（「自由主義・民主主義」対「ファシズム・社会主義」）の時代が過ぎ去った今、自由と民主主義を脅かす敵は、ほとんどの国において姿を消した。……国家のあり方や政府の正統性を揺るがしているのは、グローバルな市場の勃興と、大規模戦争の可能性の低下だけではない。もう一つの要因は、ほかでもない民主化の広がりである。伝統や慣習が影響力を失いつつあることと、民主化の広がりは、お互いに表裏一体の関係にある（ギデンズ 1998 = 1999：125，カッコ内引用者）。

このギデンズの主張はいまなおかなり興味深いものと言える。というのも、歴史的に見れば、伝統や慣習によって、言語、宗教、地域などによって境界を引かれた文化的少数派が差別され、抑圧されてきた例は数多く見られるものの、他方でそうした伝統や習慣に基づくことで国民国家の形態をとった民主主義社会が安定していたという現実、あるいは見方も存在するからである。また、新たな段階に突入した民主主義社会においては、「新しい社会運動（論）」に象徴される「民主主義の民主化」の過程で、一時的にせよ社会の急速な変革に直面し、その安定度を低下させるという事例も見られるようになったからである。

たしかに、無意識あるいは不可視のまま潜在化されてきた問題、それと連動して生じてきた「新しい社会運動」に対する関心の増大は、社会をさらなる民主化の方向へと向かわせる力となってきた。しかしそうした趨勢により、自由主義ないしは多元主義といった既存の理念、そしてそれに基づいて構築され、再生産されてきた制度・政策、さらに体制は大きな難題を突きつけられることになったのである（ケニー 2004 = 2005，参照）。

アイデンティティの問題にことさら関心を寄せてきたメディアやコミュニケーションの理論、たとえば言説分析や物語分析は、（新しい）社会運動が民主主義理論、そして民主主義社会にとって両義的であることをまずは認識し、そのうえでメディア・フレームについて論じる必要がある。社会運動を政治参加の一形態として評価する以上、こうした研究の構えをとることが、結果的にはメディア・フレームが有する権力に関して適切な評価を下すことにつながると思われる。

注

（1）こうした見解を代表するのが、アドルノ＆ホルクハイマー（1947＝1990）『啓蒙の弁証法』である。また、こうした問題意識はカルチュラル・スタディーズに属する多くの研究者によって継承されてきた。

（2）マス・メディアのこの種の機能に関しては、私自身、「マス・メディア依存型運動」と名づけ、分析を試みたことがある（大石 1998：とくに第５章「市民運動とマス・メディア」参照）。

（3）住民投票に関しては、その評価は①住民投票などの直接民主制の手法を本来の民主制の姿ととらえ、代表機関による政策決定は可能な限り住民投票で代替すべきだと見る「積極説」、②あくまで間接民主制を基本とし住民投票には一定の条件下で間接民主制を補完する役割が認められているにすぎないと考える「消極説」、③間接民主制を基本に据えながらも、議会政治の機能が低下している現状においては積極的に住民投票を活用すべきと主張する「中間説」、に分類されたことがある（大山 1999：103）。

第4章　世論調査という「権力」
——自衛隊のイラク派遣を中心に——

1　はじめに——世論調査の政治性

世論とは政治エリートやマス・メディアと相互に作用しながら形成される一般の人々の意見の集合体、あるいはそうした意見の集合体の分布ととらえられ、世論を知るための有力な手段のひとつが世論調査である（第1章）。本章では、世論調査の設計や実施それ自体が一種の政治性を有していること、そして世論調査結果がマス・メディアなどで報じられ、それがメディア・テクストとしてニュースの物語の構成要因になることの政治的な意味に関して考察を行うことを目的としている。

そこでまず、世論過程に関して若干の検討を試みることにする。世論過程における人々の意見や態度の動態について見るならば、それは社会化の過程で内面化された人々の価値観に大きく影響されると同時に、パーソナル・コミュニケーション、マス・メディア、あるいは近年ではソーシャル・メディアなどを通して認識する社会の意見分布によって影響されていることがわかる。そして、個々人が抱く意見は通常は世論調査によって「発見」

される。ただし、この種の世論に関しても、世論の概念と同様、これまで多くの批判にさらされてきた。たとえば、P・ブルデューが以下に示すような世論調査批判をすでに行っていたことは注目に値する（ブルデュー1980=1991：287-88）。

①どんな世論調査でも、誰もが何らかの意見をもちうるということを前提にしている。
②すべての意見はどれも優劣がない等価なものだと考えられている。
③誰に対しても同じ質問をするという単純な事柄のなかには、それらの問題に関して何らかの合意が存在する。
……それらの問題は質問されて当然だとする同意があるという仮説が含まれている。

ブルデューは続けて、「世論調査が呈示している問題構制は政治的利害に従属しており、このことが回答そのものの意味と調査結果を公表することの意味とを、どちらも強力に操作して（いる）」（同：289，カッコ内引用者）とも述べ、世論調査のもつ政治性を強調している。こうした批判は、世論調査を通じて世論を探るという手法、そして世論および世論調査に内在する問題の本質にかかわるものである。というのも、問題の重要性に関する合意が世論調査の前提にある以上、世論調査の対象となる問題や争点はそれ以外の問題や争点を潜在化させる機能を有することになるからである。それに加えて、「世論調査は、少数の、異端の、周辺的な、一般受けしない、要するに非正統的な意見を貶める」（シャンパーニュ 2001=2004：212）と見ることも可能だからである。これを世論調査の権力的側面と言い換えることも可能である。さらに世論調査に関しては、第二次世界大戦中の「総力戦」下の戦時宣伝との共通性から以下のような厳しい批判が加えられたことがある。

総力戦は民衆の支持と自発的な参加を何よりも必要とするが、世論調査は一人一票の平等性の擬制であり、戦時宣伝も世論調査も国民全体の同質性・均質性を理想にしている。つまり、戦時宣伝と世論調査はともに「戦争国家＝福祉国家」の学知なのである（佐藤 2008：99）。

この見解は、世論調査に伏在する世論観のみならず、そこで採用されている大衆観も巧みに引き出し、批判していると言える。また、戦時宣伝と世論調査との共通性を指摘することで、「戦前・戦後連続説」という観点から現代日本の（大衆）民主主義を批判する際のひとつの論拠を提供しているとの見方もできよう。

世論調査に関してはこうした批判だけでなく、それ以外のさまざまな問題、とくに世論調査の手法や手続きに対して、とりわけ近年厳しい批判が加えられるようになってきた（峰久 2010；菅原 2011，参照）。たとえば、テレビの報道番組などで多用される「コンピュータで無作為に抽出した番号に調査員が直接電話をかける」というＲＤＤ（ランダム・デジット・ダイヤリング法）に対する批判があげられる。それは、携帯電話が主流になった現代日本社会において固定電話番号を母集団としてサンプリングすることの妥当性に対する疑問である。すなわち、固定電話を用いることが結果的に回答者の中で高齢者の占める比率を高めるなど、母集団や回答者の構成を歪めているのではないかという批判も生じてきたのである。このように、適切なサンプリングが行われていない世論調査結果が「世論」として認識（さらには擬制）されているという見方が提示されるようになった。

この種の批判に対しては、世論調査全体の回答率が低下していることのほうが深刻な問題であり、それと比べれば、上述したサンプリングに関する世論調査批判はそれほど強調されるべきでないという主張も提示されている（菅原 2011：20–22）。それとは別に、世論調査でしばしば見られる「誘導質問」に対する批判も数多く行われてきた。あるいは、明確な「誘導質問」という形態はとらなくても、後述するように、世論調査がジャーナリストやマス・メディアの主張を支える、あるいは補強するケースが数多く見られるという批判を行うことも可能であろう。
その一方で、世論調査をジャーナリズムの活動の一種ととらえ、ジャーナリズムは世論調査を通じて社会の意見分布を公表することで、世論という「現実」を社会的に構築し、構成しているととらえることもできる。こうした世論（調査）観に立つならば、また世論調査が頻繁に実施され、それが現代社会では世論として社会に広く流通する傾向が高いという点を考慮するならば、これまで述べてきた世論調査のもつ問題点を十分認識しつつも、その必要性と重要性を一定程度認めざるをえないというのが実態であろう。

2 「メディア政治」時代における世論調査

ここでは、ある出来事や政策、そして問題や争点に関する世論を知るために、一時点において人々の意見の分布を提示するのが世論調査であるという理解のもとに、これまで述べてきた批判を踏まえつつ考察を進めることにする。社会の関心が高まった問題や争点について緊急に行われる世論調査の場合、その実施機関は、出来事や問題・争点の重要性を自ら判断し、世論調査結果を公表することで、社会に対して問題提起を行い、（その是非はともかく）世論動向に影響を及ぼす可能性が高くなるのは確かである。以下の記述はその点について論じたものである。

世論調査では、設問や回答の選択肢が提示されるが、それは公的な争点の重要度を決定するのに役立つ。世論調査が扱う争点は、一般の人々が討論すべきものである。とくに、世論調査結果がマス・メディアで報道された場合、そのことが言える。……世論調査は、アジェンダ設定過程においておもに用具的役割を果たしている（Splichal 1999: 254）。

ここでの指摘にもあるように、世論調査結果はニュースとして公表されることで、すなわちメディア・テクストになることで影響力をもつことになる。その結果は、数字という一見客観的に見える情報によって提供されることから、問題や争点の意味づけに大きく作用し、人々の意見や態度、そして行動に影響を及ぼすことになる。換言すると、世論調査結果は、社会における意見の分布、すなわち世論という「現実」を構築し、構成する役割を担うことから、ニュースの物語にとって有力な構成要因となりうるのである。こうして世論調査の影響力は、一般の人々のみならず、政治エリートや政策過程にまで及ぶのであり、ジャーナリズムは世論調査を通じても権力を行使できると見なしうる。

そうした影響力は、メディア政治、とくにテレビ政治、さらにはイメージ政治と呼ばれる時代では、いっそう注目されるようになった。実際、ある政策に対して人々が抱くイメージが、そしてその政策を立案・決定・遂行する政治指導者、政党、官僚などの政治エリートに関するイメージが、政策の動向に大きな影響を及ぼすケースが数多く見られるからである。イメージが優先する時代では、政治エリートのイメージは、世論調査を参照しながら形成され、調整されるという見方もできよう。こうした過程に深くかかわるのが、以下のような役割を担うスピン・ドクターと呼ばれる専門家である。

スピン・ドクターとは、印象管理の専門家であり、政治家とジャーナリストとのあいだに介在する人々である。彼らは、宣伝を行う策士であり、テレビ政治の技法を修得している。スピン・ドクターの仕事は、①ジャーナリストに対し、スピン・ドクターの意図する観点から社会を眺めるように仕向けること、②スピン・ドクターが葬り去りたい争点や話題からジャーナリストの目をそらすこと、③ジャーナリストに対して話題を提供する、あるいは情報をリークすることである（Louw 2005：297–98）。

メディア政治の時代では、スピン・ドクターなどによる情報操作が日常的に行われ、世論形成が行われている。世論形成に対してはこうした影響力が作用するのであり、そうした中でマス・メディアの世論調査は実施されている。一般市民は、このような一種の権力関係の中で実施され、公表される世論調査結果、およびそれに関する解説や論調を通して、出来事や問題・争点に関する世論動向を知ることになる。こうして見ると、ジャーナリズムはどの問題や争点に関して世論調査を実施するか、あるいは世論調査結果を報じるか否か、報じる場合にはどのように報じるかという選択を通して、社会に影響を及ぼしていると言うことができる。一般市民は概して、マス・メディアによって報じられた世論調査が扱った問題や争点を重要だと認識する傾向がある。これもマス・メディアの重要なアジェンダ設定機能のひとつという見方も十分できる。

ただし、ここで強調しておきたいのは、世論調査結果がマス・メディアによって報じられる場合、前述したように、それがメディア・テクストとしてニュースの物語の中に組み入れられていると考えられる点である。社会で関心を集め、すでに報道されている問題や争点に関する世論調査が実施され、その結果が報じられるということは、世論という「現実」が社会的に構築され、構成されるだけにとどまらない。マス・メディアによって報じられ、メディア・テクストとなった世論調査結果は、ニュースの物語の重要な構成要素になりうるのである。

こうした傾向は、マス・メディアによって実施される世論調査の場合にはいっそう強くなる。というのも、すでに指摘してきたようにマス・メディアの世論調査というのは、調査する問題・争点をマス・メディアが選択し、世論調査という出来事、すなわち報道する対象をつくりあげ、その結果を自らが報じ、論評することになるからである。この場合、世論調査結果に関する報道は、単に意見分布の状況を社会に伝達し、アジェンダ設定を行うだけではなく、ニュースの物語化に寄与することになる。こうしたメカニズムの中で、ジャーナリズムは世論調査に関する報道を通じて世論過程に積極的かつ意図的に参入し、それによって世論形成を行い、さらには政策過程に影響を及ぼすことになる。ジャーナリズムにとって世論調査とは、自らの主張を支える、あるいは補強する有力な手段なのである[(1)]。

以上のことから、マス・メディアが実施する世論調査を見ると、ジャーナリズムが有する権力のひとつの典型的な側面が浮上してくる。こうした問題関心をもとに、世論調査の政治性という観点から日本社会を対象に、湾岸戦争以降の「国際貢献」と「憲法」をめぐる世論動向について以下検討を行う。その後、『朝日新聞』と『読売新聞』が実施した「自衛隊のイラク派遣」に関する世論調査と、それに関する報道が有する権力について考察することにしたい。

3　「国際貢献」と「憲法」に関する世論と世論調査

(1)　湾岸戦争の衝撃

冷戦構造が崩れて間もない一九九一年三月、湾岸戦争が起きた。……日本はとっくに「弱小の敗戦国」ではなくなっていた。ポスト冷戦の新しい国際秩序を日本としてどのように組み立てるのか。それが問われる時代になった。日本の「戦後」は、こうして本当に終わりを告げたのだった（毎日新聞社編 1996：284-85）。

ここで言う「戦後の本当の終わり」は、むろん日本の世論動向にも大きな影響を与えた。それが、湾岸戦争（一九九〇〜一九九一年）を機に一段と高まりを見せた、国際貢献と国際的な評価に対する日本社会の認識である。当時の海部俊樹内閣は、より積極的な国際貢献を行うことを目的に「国連平和協力法案」の成立を試みたが、この法案は廃案となった。その結果、海部内閣は軍事面での国際貢献を断念し、米軍をはじめとする多国籍軍に多大な資金協力をするという経済面での協力を行うことになった。この問題について積極的に発言してきた岡本行夫は、当時を振り返って次のように述べている。

日本は米国などから人的支援を求められたにもかかわらず、行ったのは、停戦後の自衛隊掃海艇の派遣ぐらい。自衛隊による物資補給など後方支援すらできなかったのは、政府が集団的自衛権の行使を認めていないからだ。日本は約百三十億ドルに上る資金協力を行ったが、これも小出しだったために、「トゥーレイト、トゥースモール（遅すぎる、少額すぎる）」と揶揄（やゆ）されるみじめな結果に終わった（『読売新聞』二〇〇一年九月一六日）。

日本の国際貢献に関するこうした国際的な評価の低さは、当時の日本社会に大きな衝撃を与えた。その後、宮沢喜一内閣は、一九九二年に「国際平和協力法」を成立させ、国際援助活動への自衛隊の参加が可能になった。その結果、カンボジア（一九九二〜一九九三年）、モザンビーク（一九九三年）、ゴラン高原（一九九六年）に自衛隊は派遣され、国連平和維持活動（ＰＫＯ）に参加することになった。自衛隊派遣による国際貢献という道が開かれたのである。

（2）国際貢献と改憲論・護憲論

国際貢献に関する国会論議と政策に関しては、マス・メディアも積極的に報じ、関連する世論調査も数多く実施された。そこでの主な問題点は、現行の憲法下では自衛隊による積極的な国際貢献を行うことが法制度上可能か否かということであった。その一方で、積極的な国際貢献を行うべきという主張は、憲法改正の論議へと展開されていくことになった。

以下、全国紙で発行部数の多い『朝日新聞』と『読売新聞』が実施した世論調査とそれに関連する論調に関して、一九九〇年代を中心に検討してみる。改憲の主張を積極的に行ってきた『読売新聞』は、憲法改正に関する世論調査を実施したが、その結果は以下のようになった（一九九三年四月八日）。

・「憲法を改正する方がよい」五〇・四％、「憲法を改正しない方がよい」三三・〇％、「答えない」一六・六％

この中で、「憲法を改正するほうがよい」と回答した人に対して、その理由を尋ねた結果は以下の通りである（複数回答、上位回答のみ）。

・「国際貢献などいまの憲法では対応できない新たな問題が生じているから」五五・七％
・「憲法の解釈や運用だけで対応すると混乱するから」三一・一％
・「アメリカに押しつけられた憲法だから」二三・一％
・「権利の主張が多すぎ、義務がおろそかにされているから」二〇・八％
・「国の自衛権を明記したり、本格的な軍隊を持てるようにするため」六・二％

こうした結果をうけて、『読売新聞』は社説で次のような主張を行った。

過去の改憲論には、戦前への回帰をめざすものや、民主主義を否定するような性格の議論が多かった。こうした改憲論に私たちは強く反対してきた。だが、最近の議論は全く様相が異なる。改憲支持の理由のトップが「国際貢献など新しい問題に対応する必要」となっているように、国民自身が時代の変化と憲法のズレをはっきり認識し始めている（一九九三年五月三日）。

このように『読売新聞』は、国際貢献の必要性に対する認識の高まりが改憲の意見と結びついていることを指摘し、同時に改憲の必要性を主張している。

他方、護憲を主張してきた『朝日新聞』は、湾岸戦争後、国際貢献のあり方をめぐる論議が活発になった時期、世論調査の中で「これからの日本の、世界への貢献は、あくまで、非軍事的な分野に限るべきだと思いますか。そうは思いませんか」という質問を行った。その結果は、以下のようになった（一九九二年九月二八日）。

・「そう思う」七一％、「そうは思わない」二〇％、「その他・答えない」九％

その後、自衛隊のＰＫＯ参加が既成事実となった後に実施された『朝日新聞』の調査では、前述した国際貢献と現行憲法との関連が強く意識された質問が行われた（一九九七年四月二六日）。それは、「国際貢献と国際紛争の解決に協力を求められた時、日本はいまの憲法で、十分な役割を果たせると思いますか」という質問であり、その結果は次のようになった。

・「十分な役割を果たせる」二四％、「十分な役割を果たせない」六〇％、「その他・答えない」一六％

憲法改正の問題に関しては、「憲法全体をみて、あなたはいまの憲法を改正する必要があると思いますか。改正する必要はないと思いますか」という問いを設けたが、その結果は以下のようになった。

・「改正する必要がある」四六％、「改正する必要はない」三九％、「その他・答えない」一五％

また、「『戦争を放棄し、軍隊は持たない』と決めている憲法九条を、変える方がよいと思いますか。変えない方がよいと思いますか」という九条に絞った問いに対する回答は次のようになった。

・「変える方がよい」二〇％、「変えない方がよい」六九％、「その他・答えない」一一％

さらに、憲法九条の評価に関してもいくつか質問が行われている。たとえば、「日本が憲法で『戦争放棄』をうたったことは、アジア太平洋地域の平和に役立ってきた、と思いますか。そうは思いませんか」という質問が行われ、それに対する回答は以下に示すように高い評価となった。

・「役立ってきた」七二％、「そうは思わない」一七％、「その他・答えない」一一％

一九九七年に実施されたこれらの調査結果に関して、『朝日新聞』は護憲の立場から「九条『変えぬ方がよい』六九％、憲法施行五〇年」という見出しを掲げ、「憲法が戦後の日本社会にもたらした影響を、多くの人が積極的に評価していることがわかった。……改正が必要とする人の中でも、『改正は差し迫った問題』と考えている人は約半数だった」という解説を行った。

（3）世論調査の解説・論説

『朝日新聞』は、一九九七年の調査結果を報じる記事の最後のほうで、「憲法改正について、本社では一九八六年十二月の調査で『賛成か、反対か』と聞いた。結果は賛成二九％、反対四一％だった。本社の改憲是非の質問はこの時以来」と記している。憲法改正について国民に直接問うかたちの世論調査を、『朝日新聞』は一九八六年から九七年までの一一年間実施してこなかったのである。

その一方、『読売新聞』は一九八一年以来、定期的に憲法改正の是非に関する世論調査を実施してきた。『読売新聞』はまた、たとえば一九九二年五月三日の社説では「改憲論をタブー視するな」という見出しを掲げ、改憲を明確に主張し、一九九四年には「憲法改正試案」を公表している（その後、二〇〇〇年、二〇〇四年にもこの試案の追加・修正版を公表している）。

このことは、前述したように、世論調査が新聞ジャーナリズムのアジェンダ設定機能の一翼を担っていることを示すものである。というのも、護憲を主張する『朝日新聞』が、自社の世論調査において改憲問題を直接問う質問を入れず、この問題をアジェンダに設定することに消極的であったのに対し、九〇年代に入ってからとくに改憲に積極的な姿勢を見せてきた『読売新聞』が、この種の問題に関する世論調査をたびたび実施し、アジェンダ設定を行おうとしていたからである。また、先に触れたように『朝日新聞』は、日本社会、アジア地域、国際社会における憲法九条の評価を尋ね、高い評価を得ていることを報じ、この種の世論調査を通じて、護憲の正当性を主張した。他方、『読売新聞』は、自社の世論調査結果を解説しながら、よりいっそうの国際貢献を行うために改憲が必要という主張を社説に掲載した。

以上の点から、新聞ジャーナリズムが、世論調査それ自身をアジェンダ設定の用具として活用するだけでなく、自らの主張を展開し、それを裏づけるための根拠としていることがわかる。これらのことから、世論調査の質問項目と調査結果は、ジャーナリズムにとって有用な権力資源であることが理解されるのである。

4　自衛隊イラク派遣に関する世論と世論調査

(1)　同時多発テロと「テロ特措法」

二〇〇一年九月一一日に生じた同時多発テロ以降、国際社会の緊張度はいっきに高まった。日本もその例外ではなかった。二〇〇一年一〇月八日、米軍は、アフガニスタンの爆撃を開始した。同日、当時の小泉純一郎内閣はアメリカなどの軍事行動を自衛隊が支援するための「テロ特措法（テロ対策特別措置法案）」と「自衛隊法改正法案」を閣議決定した。これらの法案は、国会に提出され、同二九日可決・成立した。この法律に基づき、二〇〇一年一一月にインド洋に海上自衛隊が派遣され、米軍などへの後方支援に参加することになった。

ここでも以下、『朝日新聞』と『読売新聞』の世論調査とそれに関連する論調を中心に考察を行うことにする。「テロ特措法案」が審議される中、『朝日新聞』は「あいまいさ消えぬまま　テロ特別措置法案の衆院特別委員会審議」（一〇月一三日）、「テロ対策特別措置法案の反対デモ・集会次々国会周辺」（一〇月一六日）といった見出しで、この法案に批判的な見解や活動を報じていた。しかしその一方で、社説においては次のように述べている。

> 武力行使は、できることなら避けるのが一番だ。しかし、テロ撲滅に立ち上がった国際社会の協調行動のひとつとして、その目的を厳しく限定し、攻撃目標を絞ったものであるならば、米軍などによる一定の軍事行動はやむを得ないと考える（二〇〇一年一〇月一七日、傍点引用者）。

このように限定は付しながらも、国際連合安全保障理事会での決議も踏まえ、『朝日新聞』はこの法案に賛成する見解を示すことになった。この社説の論調からアフガニスタン攻撃に対する『朝日新聞』の立場の複雑さ、さらには曖昧さが見てとれる。しかし、こうした曖昧さは、当時の世論状況を反映していたという見方もできる。『朝日新聞』は、米軍のアフガニスタン攻撃後に世論調査を実施した。その結果については、「同時多発テロで日本が米国に協力することへの賛成は七一％。攻撃開始前の前回九月調査の六二％より増え、法案の賛成との間にひらきがある」（二〇〇一年一〇月一六日）と報じている。ちなみに、「テロ特措法」の賛否は以下のような結果になっている。

・「賛成」五一％、「反対」二九％、「その他・答えない」二〇％

前述したように、この問題に関して「対米協力賛成」という回答は七一％に達しながらも、「テロ特措法」に対する賛成は五一％にとどまっている。このことから米軍支援に賛成する回答が、必ずしも「テロ特措法」に対する賛成につながっていないことがわかる。それに加えて、この法案が「自衛隊の海外での活動を広げる」ことの賛否に対する回答は次のようになっている。

・「賛成」四九％、「反対」四〇％、「その他・答えない」一一％

これらの世論調査結果に関しては、「法案では、外国の同意があれば、自衛隊がその国の戦闘行為がない地域に行って活動できる。こうした自衛隊の海外での活動拡大に賛成の人は四九％、反対は四〇％だった。法案そのものへより反対が多い。法案への賛否を明らかにしなかった人の多くが、反対に回った形だ」という解説が加えられている。

こうした調査結果と解説は、法案に対する判断は留保しながらも、海外での自衛隊の活動については反対するという混乱、あるいは矛盾した意見が日本社会の中で一定程度存在していたことを示すものである。なぜなら、「テロ特措法」の成立は、当然のことながら自衛隊の海外活動の拡大に直結するからである。世論調査に見られるこの種の混乱は、同時多発テロ以降、急激に変化してきた国際社会に対し当時の世論が困惑していたことを示すものと言える。同時に「平和国家・日本」という従来の理念と小泉政権が打ち出した方針との差異に関する判断の難しさによるものとも考えられる。

（2）イラク戦争と「イラク特措法」

アメリカのブッシュ大統領は、二〇〇一年一月に行った一般教書演説の中でイラン、イラク、北朝鮮を「悪の枢軸」と呼び、強く非難した。その後、米軍は国際世論（とくにフランスやドイツ）から批判を浴びながらも、二〇〇三年三月にイラクに侵攻した。それに先立って日本政府（小泉内閣）は、アメリカの方針を支持する姿勢を明確に示した。その根拠としては、①大量破壊兵器の拡散の脅威をこれ以上放置できない、②緊迫化する北朝鮮情勢も考慮し、日米同盟を重視すべきという点を掲げていた。

『朝日新聞』は、米軍のイラク攻撃直前の三月一九日の社説で「この戦争を憂える、ブッシュ氏の最後通告」と題し、「米国は国際社会の説得に失敗したのに、独り歩きで戦争へと突き進む。第二次大戦後の世界秩序の大枠となってきた国連の権威は、歴史的な傷を負った」と批判的な見解を掲載した。この背景には、このイラク攻撃が国連の安全保障理事会での決議を経ていないことがある。他方、『読売新聞』は三月二〇日の社説で「開戦秒読み、責任は〝決議愚弄〟のイラクにある」と題し、「フセイン大統領は、自身や一族の亡命を拒否し、臨戦態勢を整えつつある。米英両国などによる武力行使は、必至の情勢だ。誰しも、戦争は好まない。しかし、ここに至る経緯を振り返れば、武力行使以外に選択肢はない、と言うべきだ。その点を改めて確認しなければならない」と述べ、米軍のイラク攻撃を支持する姿勢を鮮明にした。

その後、米軍のイラク攻撃は熾烈をきわめ、ブッシュ大統領は二〇〇三年五月一日にイラク戦争の「終結宣言」を行った。この時点で、日本の国際貢献の一環として自衛隊のイラク派遣の問題が浮上してきた。小泉政権は、「イラク特措法（イラクにおける人道復興支援活動及び安全確保支援活動の実施に関する特別措置法）」を国会に提出し、自衛隊のイラク派遣を行おうとした。この法案は七月二六日に成立した。

この過程で、『朝日新聞』は社説で、「軍隊へ、が狙いなのか、イラク特措法」（六月一五日）、「小泉流、出たとこ勝負、イラク特措法」（六月二六日）、「イラク新政権を待とう、自衛隊派遣」（七月二三日）、「イラク特措法、将来に禍根を残さぬか」（七月二六日）という見出しを掲げ、一貫して批判的な見解を示した。他方、『読売新聞』の社説は、「イラク特措法、民主党の建設的な対応を望む」（六月二五日）、「イラク特措法、早期成立に民主党は協力せよ」（七月一日）、「イラク特措法、再び混迷を露呈した民主党」（七月四日）、「イラク特措法、民主党の廃案戦略には理はない」（七月二五日）、「イラク法成立、復興協力への一歩を踏み出した」（七月二七日）という見出しを掲げ、「イラク特措法」に反対の立場をとる民主党を批判しつつ、この法案に対する支持を鮮明にした。

日本政府は、二〇〇三年一二月に「イラク特措法」に基づいて「自衛隊派遣の基本計画」を閣議決定し、航空自衛隊先遣隊に派遣命令を下した。二〇〇四年一月には陸上自衛隊に派遣命令を下し、自衛隊員はイラクに入り、活動を開始した。

こうした政策論議、および政策決定の中で、新聞ジャーナリズムの世論調査は、どのような質問を設け、どのような結果を公表していたのだろうか。以下では、この問題が多くの関心を集めた二〇〇三～二〇〇四年にかけての世論調査を中心に検討してみる。

（3）『朝日新聞』の主張と世論調査

まず、『朝日新聞』の「自衛隊のイラク派遣」に関する世論調査結果（二〇〇三～二〇〇四年）について検討してみる。『朝日新聞』は、イラクへの自衛隊派遣の賛否に関する世論調査を行ったが、その結果は以下のようになった（二〇〇三年七月一日）。

・「賛成」四六％、「反対」四三％、「その他・答えない」一一％

それぞれの回答の主な理由を以下に示しておく。

・賛成（四六％）「国際貢献になるから」二九％、「自衛隊の支援が必要だから」八％、「アメリカとの関係が

図 4-1　自衛隊のイラク派遣に関する「賛否」（『朝日新聞』世論調査結果）

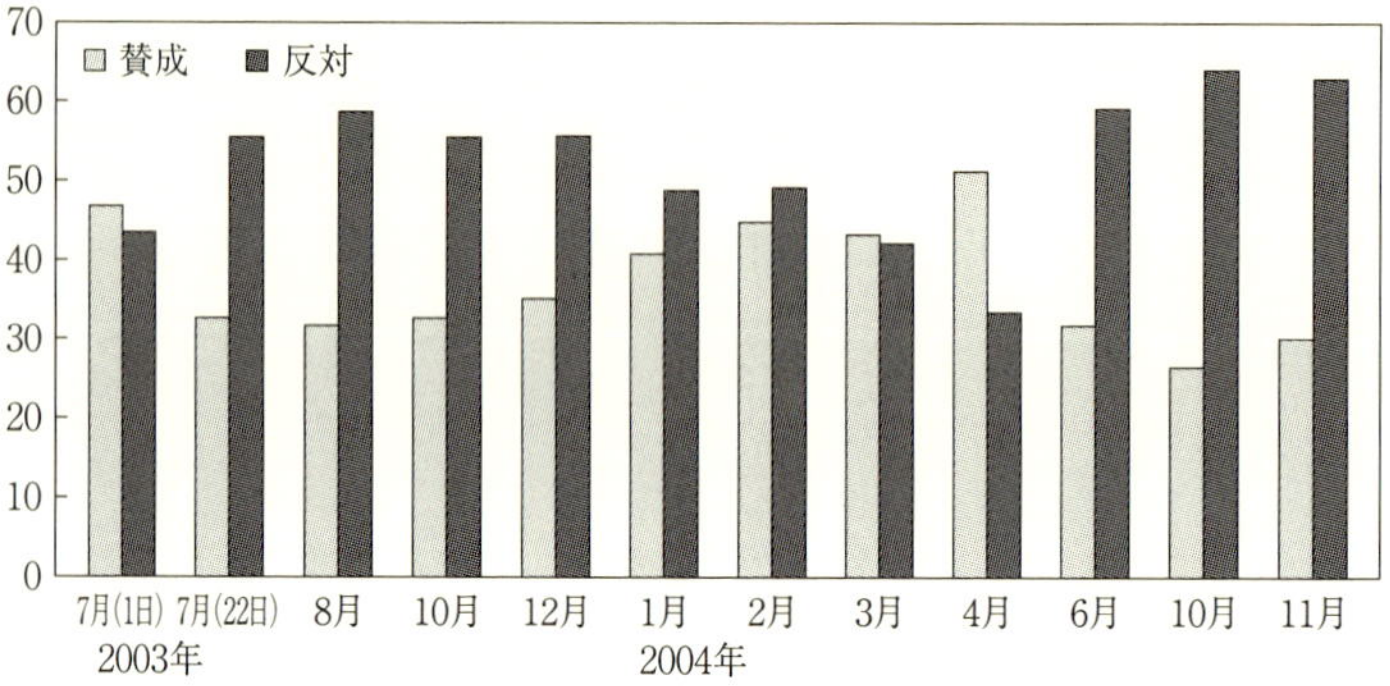

※ 2003 年 6 月から 2004 年 3 月までは，「自衛隊派遣の賛否」が問われている。
※ 2004 年 4 月，10 月，11 月の調査では，「自衛隊派遣の継続」が問われている。
※ 2004 年 6 月の調査では，「自衛隊の多国籍軍への参加」が問われている。

重要だから」六%、「その他・答えない」一%
・反対（四三%）「イラクがまだ危険だから」一六%、「自衛隊以外の支援で十分だから」一三%、「憲法上問題があるから」八%、「その他・答えない」二%

この結果をみると、やはり「国際貢献」が「賛成」の重要な要因になっていることがわかる。その後の調査では、この数値は次のように逆転する（二〇〇三年七月二二日）。
・「賛成」三三%、「反対」五五%、「その他答えない」一一%

この傾向は二〇〇四年二月まで続く。『朝日新聞』はまた、「派遣の賛否」とは別に、「派遣時期」についても世論調査を行い、次のような結果を得ている（二〇〇二年一二月一二日）。
・「できるだけ早く」一四%、「情勢が安定してから」五六%、「時期にかかわらず派遣すべきではない」二六%、「その他・答えない」四%

その後、自衛隊がイラクに派遣され、実際に活動を開始してから初めて実施された調査では、二〇〇三年七月の調査以来、以下に見るように初めて賛成が反対をわずかに上回ったことが報じられている（二〇〇四年三月一六日）。

・「賛成」四二％、「反対」四一％

また、二〇〇四年四月にイラクの武装グループによる人質事件で、日本人三人が無事解放されたのを受けて緊急に実施された世論調査では、イラクへの自衛隊派遣の既成事実化が進んだこともあり、質問が「今後も自衛隊派遣を続けるべきか」というように変化し、その結果は次のようになった。

・「派遣を続けるべきだ」五〇％、「撤退すべきだ」三二％

このように、日本人人質事件の影響などもあり、「イラクへの自衛隊派遣」の賛否がこの時期再度逆転したことがわかる。ところが、二〇〇四年六月一八日の閣議において、自衛隊のイラクでの多国籍軍参加についての統一見解が了承された直後に実施された世論調査では、「国連決議に基づいて編成される多国籍軍に自衛隊が参加することに賛成か反対か」へと質問が変わったところ、その結果は以下のようになった（二〇〇四年六月二二日）。

・「賛成」三一％、「反対」五八％

この調査では小泉内閣の支持率の調査も行われていたこともあり、調査結果を報じる見出しは、「内閣支持、急落四〇％　不支持が逆転四二％」となっている。そして、「年金問題に加えてイラクの自衛隊の多国籍軍参加に五八％が反対するなど、内政、外交の政策判断や政治姿勢に対する厳しい見方が響いたとみられる」という解説が行われ、多国籍軍への自衛隊の参加と内政問題とを結びつけることで、小泉内閣に関する批判的な評価が示されている。

さらに、イラク戦争開戦の根拠とされた大量破壊兵器について、イラクが開戦時に保有していなかったことが明らかになると、「自衛隊派遣の継続」を問う質問へと変化し、その結果は次のようになった（二〇〇四年一〇月二六日）。

・「反対」六三％、「賛成」二五％

このように、自衛隊派遣に関しては、反対の回答が再び多数を占めるようになった。この結果は、「イラク派遣延長六三％反対」という見出しで報じられた。

（4）『読売新聞』の主張と世論調査

つぎに、『読売新聞』が実施した世論調査（二〇〇三年〜二〇〇四年）についても検討してみる。『読売新聞』は、二〇〇三年七月の世論調査で自衛隊のイラク派遣について質問したが、その結果は以下のようになった（二〇〇三年七月一五日）。

図４-２　自衛隊のイラク派遣に関する「評価」（『読売新聞』世論調査結果）

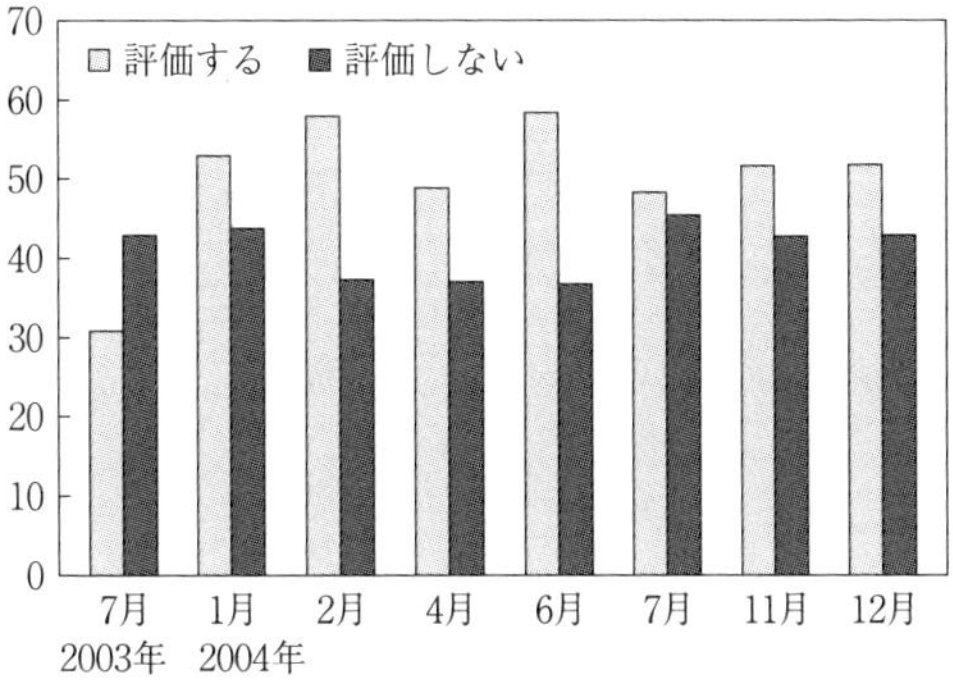

※ 2003 年 7 月の調査では，「自衛隊派遣への賛否」が問われている。
※ 2004 年 1 月以降の調査では，「自衛隊派遣の評価」が問われている。ここでは，『読売新聞』の整理に従い，「大いに評価する」＋「多少は評価する」＝「評価する」，そして「あまり評価しない」＋「全く評価しない」＝「評価しない」とした。

・「賛成」三〇・五％、「反対」四三・二％、「どちらとも言えない」二四・三％、「答えない」一・九％

その後は、「自衛隊のイラク派遣」を直接尋ねる世論調査はしばらく行われなかった。二〇〇四年になると、単に派遣の賛否を問うのではなく、質問は「イラクへの自衛隊派遣の評価」に関するものへと変化し、回答選択肢も四段階となり、次のような結果を得ることになった（二〇〇四年一月二七日）。

・「大いに評価する」一四・三％、「多少は評価する」三八・七％、「あまり評価しない」二五・七％、「全く評価しない」一八・五％、「答えない」二・八％

この結果については、同日の記事で「世論調査で『イラク派遣』五三％評価　与党、審議に追い風　野党はあくまで反対」という見出しで報じている。こうした四段階での評価という回答方式はその後の調査でも用いられており、調査結果は「評価する」（大いに評価する＋多少は評価する）

と、「評価しない」（あまり評価しない＋全く評価しない）に分類され、報じられている。また、この問題に関連して「イラクの人道復興支援のために、自衛隊を派遣したことの評価」（傍点引用者）という質問が行われているが、ここでは「人道復興支援」という自衛隊の任務が強調されている（この質問方法は、その後実施された四月二〇日、七月二一日、一一月二六日、一二月二四日の調査でも用いられている）。その結果は、以下のようになった（二〇〇四年二月二七日）。

・「大いに評価する」一八・七％、「多少は評価する」三九・七％、「あまり評価しない」二六・七％、「全く評価しない」一〇・九％、「答えない」四・〇％

この調査ではまた、「自衛隊のイラク復興への貢献可能性」という質問も行われ、結果は次のようになった。

・「大いにできる」八・四％、「ある程度できる」六〇・三％、「あまりできない」二四・二％、「ほとんどできない」四・四％、「答えない」二・七％

そして、この調査結果に関しても「イラク復興『自衛隊貢献できる』六九％、『派遣評価』五八％」という見出しで、自衛隊のイラク派遣に関してかなり好意的に報じている。

ただし、七月の調査では、「多国籍軍への自衛隊の参加についての小泉首相の国民に対する説明」に関する質問が行われ、その結果は次のようになった（二〇〇四年七月二一日）。

・「十分だと思う」七・四%、「十分だとは思わない」七五・〇%、「どちらとも言えない」一六・三%、「答えない」一・四%

さらに、一二月の調査で行われた「自衛隊派遣の延長」という政府の方針に関しては、次のような回答となった（二〇〇四年一二月一六日）。

・「支持しない」五三・〇%、「支持する」二五・一%、「どちらとも言えない」一二・三%、「答えない」三・五%

これらの調査結果からわかるように、自衛隊のイラク派遣に関する世論は、人道復興支援という点では、（多少は評価するという回答を含めれば）世論はかなりの支持を与えているが、その一方で自衛隊の派遣延長に関しては、『読売新聞』の世論調査においても「支持しない」という回答が多数を占めており、『朝日新聞』とほぼ同様の結果となった。しかし、『読売新聞』の紙面では、「内閣支持率五〇%　前回より三・五ポイント上昇」（二〇〇四年一一月二六日）、「北に経済制裁を七四%　内閣支持率下落四五%」（二〇〇四年一二月一四日）という見出しで報じられ、『朝日新聞』とは異なり、自衛隊のイラク派遣の延長に関する批判的な調査結果が強調されることはなかった。

(5) 新聞社の主張と世論調査の連関

これまで見てきたように、『朝日新聞』と『読売新聞』は、それぞれ護憲と改憲という立場を示し、それと関連して自衛隊のイラク派遣に反対・賛成という主張を行ってきた。これらの主張は、両紙の世論調査の質問内容、および世論調査結果の報じ方にも影響を与えたと言える。先に見たように、『朝日新聞』は一九九七年まで世論調査で憲法改正に関する質問を行うことに消極的であった。その一方で、自衛隊のイラク派遣に関しては、二〇〇三年六月から二〇〇四年八月のあいだに計一〇回実施し、その選択肢は「賛成」、「反対」を問うものであり、二〇〇四年三月までは「反対」の回答が多いという結果を得ている。この質問の方法は、イラク派遣の妥当性を問題とする『朝日新聞』の主張と関連するととらえられる。

他方、『読売新聞』は憲法改正に関する世論調査は積極的に行っていたが、自衛隊のイラク派遣を直接問う世論調査は二〇〇三年七月の一回だけで、その後の調査では「自衛隊を派遣したことの評価」を四段階(大いに評価する、多少は評価する、あまり評価しない、全く評価しない)で行っている(2)。この質問の仕方は、自衛隊派遣そのものの是非を問うことなく、派遣それ自体を既成事実と考え、その評価を問うものであり、それは『読売新聞』の主張と連関するものであった。その結果、総じて「多少は評価する」という回答が多数を占めることになった。『読売新聞』は、この回答を肯定的評価と見なし、「大いに評価する」とあわせることで、自衛隊派遣に対する肯定的評価が多数を占めるという解釈を行った。それによって、これらの世論調査は、『読売新聞』の主張を裏づけることになった。

また、世論調査結果を報じる記事を見ると、両紙とも自社の論調に沿った結果を見出しで強調する傾向が見られたことも留意されるべきであろう。

5　むすび

小泉首相は、二〇〇三年の三月五日の参院予算委員会において、日本政府が米英の対イラク攻撃を支持することにいくつかの世論調査が反対多数の結果を示したことについて、「世論調査の結果が正しくない面もある。これは歴史の事実が証明している。……世論が正しい場合もある。世論に従って政治をすると間違う場合もある」という内容の発言を行った。この発言に関しては、各方面から厳しい批判が加えられた。たしかにこの発言については、世論を追い風に政権を奪取し、比較的高い支持率を維持してきた小泉首相が、実際は世論を軽視しているという姿勢を示すもの、という批判を加えることもできよう。しかしその一方では、感情的かつ流動的な世論のもつ危険性を直接に指摘したとの見方もできる(3)。

ただし、本章で述べてきたアフガン戦争やイラク戦争に関する世論、そして「自衛隊のイラク派遣」に関する世論にしても、以下のように批判されるマス・メディア報道を基盤に成り立っていることは看過されるべきでないと思われる。

新聞やテレビは国際問題を詳しく報道する。しかしその大半は各国政府と国連との間のかけひきの話であって、それによって運命を大きく左右される普通の人々のことはほとんど話題にならない。結局のところ、新聞は国際問題の専門家を自称する人たちの業界紙でしかない。戦争が国民にとってどういう現実か、新聞やテレビからはなかなかわからないのだ（池澤 2003：19–22）。

こうした指摘に加え、世論や世論調査に関しては、すでに検討してきたように、いくつかの重要な批判が加えられてきたのも事実である。ただし、とくに世論調査に関して言うならば、こうした「政治性」を備えているからこそ、政策過程に大きな影響を及ぼしているという現実が一方にはある。これまで再三述べてきたように、ジャーナリズムは世論調査を提示することにより、社会の意見の分布である世論という「現実」を構築し、構成するのである。とくに、マス・メディアが自ら実施する世論調査は、その結果がマス・メディアによって公表されることを前提に設計・実施され、世論動向や政策過程に対し影響を及ぼす可能性が大きいことから、その「政治性」が顕著になると言える。ジャーナリズムにとって世論調査は、自らの主張を支える、あるいは補強する役割を果たす場合がある。したがって、世論調査そのものの問題点を強く認識しつつも、世論過程をも含む政策過程に及ぼすマス・メディアの影響について考察を行う際には、マス・メディアが実施する世論調査は重要な資料かつ研究対象となるのである。

注

（1）世論調査に関するこうした見方に関しては、当然のことながらマス・メディアの世論調査担当者は概して批判的である。たとえば、鈴木督久ほか（2011）、菅原琢（2011）などを参照。

（2）ただし、二〇〇三年一二月一六日の『読売新聞』の紙面では、以下の世論調査の結果が報じられている。それは、「あなたは、イラクへの人道復興支援のために、自衛隊を派遣することについて、可能な限り早く派遣すべきだと思いますか、イラクの治安情勢が安定してから派遣すべきだと思いますか、それとも、派遣すべきではないと思いますか」という問いであった。それに対する回答は「可能な限り早く派遣すべきだ」一七・八％、「イラクの治安情勢が安定してから派遣すべきだ」四八・二％、「派遣すべきではない」二九・八％、「答えない」四・二％、という結果になった。

この結果に関しては、「イラクの治安情勢が安定してから派遣すべきだ」という回答選択肢が、『読売新聞』のほかの世論調査と比べやや異質なので、ここでは参考までに結果のみを記しておく。

（3）本章では、世論と世論調査の問題を中心に据えたので、小泉首相のメディア政治に関しては直接論じてこなかった。しかし、「自衛隊のイラク派遣」の問題は以下の指摘にもあるような「小泉政治」のポピュリスト的手法との関連もむろん重要な研究対象となる。その指摘とは、「小泉首相のポピュリスト的手法の特徴は、メディア戦略、善悪二元の構図、言語様式（ワンフレーズ・ポリティクス）といったものが挙げられる」（内山 2007：5，カッコ内引用者）というものである。「ポピュリスト的な政治的行為者は、カリスマであることが多い。ここで言うカリスマとは、一般市民に語りかけるための卓越した技能とメディア向けの資質をもつ人を指す」（Stanyer 2007：122）という指摘も参考になろう。

第5章　水俣病報道の「物語」
——一九五〇年代のニュース・バリュー——

1　はじめに

一九九五年、当時の村山富市首相は、水俣病患者に対して公式謝罪を行った。それに関しては、「水俣病、村山首相が陳謝、政府救済問題で最終解決策を決定」（『朝日新聞』一九九五年一二月一五日、夕刊）という見出しで報じられた。その翌日の『朝日新聞』は、社説の中で次のような主張を展開した。

……その解決に四十年も要したのは、私たちの社会や国の制度に大きな欠陥があることを教えているのではないか。司法による救済も十分には機能せず、被害者らは差別を受けながら、地域社会の中で放置されてきた。経済大国とか先進国とかいわれるのさえ恥ずかしい思いだ。……政府が終始、企業を擁護し、被害の拡大防止に消極的だったことは、様々な証言で明らかになっている。いまならとても許されないようなことが産業優先の旗の下にまかり通っていた。国民の多くが経済発展に満足し、九州や新潟といった地方の出来事と軽くみていたことも否定できない（『朝日新聞』一九九五年一二月一六日)。

そして、翌年(一九九六年)五月には、水俣病訴訟の和解(関西訴訟は除く)によって、水俣病をめぐる地域(公害)紛争はいちおうの「決着」が図られた[1]。この件に関しては、「水俣病未認定患者の救済をめぐり、水俣病被害者・弁護団全国連絡会議(全国連)がチッソと国、熊本県を相手に争っている訴訟(原告患者数計約二〇〇〇人)で、二二日の福岡、大阪両高裁と熊本、福岡、京都各地裁に続いて、二三日、東京高裁と東京地裁でもチッソとの和解が成立、国と県に対する訴えが取り下げられた」(『朝日新聞』一九九六年五月二三日、夕刊)と報じられている。その前日には、「一六年……笑顔なく『よく体がもった』水俣病訴訟和解」という見出しで、やはり次のような記事が掲載されている。

笑顔はなかった。水俣病未認定患者の救済を訴え、行政責任を追及し続けてきた大半の裁判が二二日、終わった。国の責任を最後まで追及できなかった無念。一六年という気の遠くなるような年月への思い。裁判所の中で、熊本の自宅で、原告たちは、ただじっと耐えているかのようだった。しかし、「水俣」からの問いかけは、これからも続ける(『朝日新聞』一九九六年五月二二日、夕刊)。

こうした社説や記事の中に、水俣病事件をめぐる諸問題が集約されている。なかでも、先に掲げた社説の中の「被害者らは差別を受けながら、地域社会の中で放置され」、「国民の多くが経済発展に満足し」、「地方の出来事と軽く見ていた」というという指摘は重要である。というのも、この見解は、近代日本社会(とくに戦後日本社会)が「生産力ナショナリズム」(栗原彬)によって急激な工業化を進める中で、公害問題をはじめ多くの社会問題を生み出してきたこと、そしてそうした状況の枠内で「発展」をとげていた水俣という地域社会が、被害者あるいは患者としてかかわらざるをえなかった人々に対する排除と差別を生み出す場になっていたことを明確に表現しているからである。

水俣病は日本社会に多大な衝撃を与え続けてきた。この深刻な環境問題、そして社会問題は、さまざまなメディアによって報じられ、記録され、そして日本社会のみならず国際社会でも広く記憶されるようになった。この過程で、日本のマス・メディアが水俣病をめぐって生じた社会運動を積極的に支持し、その推移を報道し、記録することで、この問題の記憶や想起に寄与してきたという一面を有することは否定できない。しかしその一方で、石牟礼道子は、その著書『苦海浄土』の中で、「マスコミなどはよそものの中のよそものである」（石牟礼 1968: 273）と断言している。「よそものの中のよそもの」であるマス・メディアに属するジャーナリストたちが、水俣病を報道する過程で、このように評される自らの立場をどの程度認識し、自覚していたかについては定かではない。しかし、後述するように、ジャーナリスト自身による批判がいくつか見られるのも事実である。

本章の目的は、こうした水俣病報道と水俣という地域社会に関する報道について、おもにニュースの物語、あるいは社会運動とメディア・フレームという観点から考察を行うことにある（第2章、第3章参照）。それは、一九五四年から一九五九年にかけての、いわゆる水俣病初期報道の時代に、このような深刻な社会問題が日本のマス・メディア、とくに新聞によってなぜ積極的に報道されなかったのか、それに代わって、その当時「水俣」の何が報道されていたのか、という問題関心にほかならない。この場合、水俣病は社会的な事件あるいは出来事として認知されない状態、すなわち「出来事の潜在化（non-event）」そして出来事自体は認知されながらも、争点として社会的に顕在化しない状態、すなわち「争点の潜在化（non-issue）」という問題についての検討が必要となる。

それに加え、水俣病の報道が行われた場合でも、その記事は水俣に関するほかの記事、そして熊本県レベルでのほかの記事、さらには全国レベルでのほかの記事と連動しながらその意味や評価が形成され、確定されてきたはずである。こうした社会的かつ歴史的文脈との関連から、あるいはニュースの物語という観点から、水俣病に関するジャーナリズムの取り組みについて検討することも、本章での重要な課題である。そして、これらの課題が水俣病の被害者の置かれた社会的位置づけという問題と密接にかかわるのは当然である。

2　水俣病に関する新聞報道の概要

ここではまず、水俣病に関する新聞報道とそれに対してこれまで行われてきた評価について検討してみる。なお水俣病報道の歴史は、かつて以下のように区分されたことがある（高峰 2004: 128)。

第一期　一九五六年～一九五九年　公式確認～見舞金契約まで
第二期　一九六〇年～一九六八年八月　空白の八年～新潟水俣病発生
第三期　一九六八年九月～一九七三年七月　政府による公害認定と裁判闘争、保障協定
第四期　一九七三年八月～一九九五年　未認定患者の闘いと政府の解決策
第五期　一九九六年以降　関西訴訟と現在

水俣病報道の先駆けと言われているのが、一九五四年八月一日に『熊本日日新聞』が報じた、「猫てんかんで全滅、ねずみの激増に悲鳴」という記事である。その後、『西日本新聞』はこの病気が人体に及んできたことに

ついて、一九五六年五月八日に「死者や発狂者出る、水俣に伝染性の奇病」と報じた。それに先立つ五月一日、チッソ附属病院が水俣保健所に「奇病」患者の多発を報告した。これが、水俣病の「公式確認（発見）」と呼ばれている。

この時期から、水俣市、熊本県、厚生省（当時）、熊本大学医学部、水俣漁協などが、この問題の解明に取り組み始めた。それに対応して、水俣病が報道される機会も増大していった。この段階に至り、水俣病をめぐる地域紛争は、前述した表現を用いるならば、「出来事、あるいは争点の潜在化」という状況を脱し、日本社会では顕在化された問題、あるいは争点へと移行していった。その結果、この問題に対する社会的な関心も高まり、水俣病は戦後日本社会において、「公害の原点」として位置づけられるようになった(2)。

その後の、自然破壊や環境問題の深刻化、そして一九六〇年代後半から活発化した住民運動や市民運動、さらにはこの問題に対する政治エリート、世論、産業界などの認識の高まりにより、「公害」という言葉は日本社会に定着するようになり、この問題解決の中心的役割を担う省庁として一九七一年には環境庁（現・環境省）が発足した。また、同年に水俣病第一次訴訟で原告勝訴の判決が下されるなど、水俣病をはじめとする公害問題は、解決されるべき緊急課題として広く認識されるようになった。それと同時に、環境保護ないしは自然保護といった価値観が日本社会に普及し、それまでの「経済開発優先」という思想や政策は、「開発一辺倒」という批判的な言葉によって語られるようになり、その見直しを迫られるようになった。

もちろん、二度にわたる「石油ショック」（一九七三年、一九七九年）、そして一九八〇年代後半に見られた「バブル経済」の影響などによる「経済開発優先」といった理念の復活、それと連動した諸政策がもたらした環境政策の後退、リゾート開発などによる「観光開発」による環境破壊という重大な問題は看過されるべきではない（大石 1998b, 参照）。しかし、少なくともこの時期（一九七〇年前後）に焦点をあわせるならば、環境保護や自然保護に対する認識が日本社会で高まったことは、重大な価値変容、すなわち「経済開発優先」という「大きな物語」に対する批判が生まれ、その変容が生じつつあった証左だと言えよう。

ただし以下では、水俣病事件が日本社会のみならず、熊本県や水俣市でもあまり認知されず、また関心を集めなかった時期を対象に考察を試みることにしたい。

3　潜在化する水俣病事件

水俣病事件は、一九五九年になってようやく全国レベルで大きく報道されるようになった。ただし、ここでおもに検討するのは、それ以前の水俣病が社会問題あるいは政治的かつ社会的争点として日本社会で広く認識されていなかった、すなわち潜在化していた時期の「水俣」をめぐる新聞報道である。

その際留意すべきは、水俣病事件に関する新聞記事が必ずしも単独で意味を生産し、それをオーディエンス（以下ではおもに新聞読者）が受容するのではないという点である。水俣という地域社会においては、後述するように、地域経済発展の中核に位置するチッソ、さらには高度経済成長の有力な担い手としてのチッソという意味を産出するような新聞記事が数多く掲載され、水俣病事件の初期段階では、そうしたイメージの中でこの事件は語られ、意味づけられていたと言える。言うなれば、そうした記事に「包囲」されながら、水俣病事件に関するニュースの意味が生産され、受容されていたのである。それはまた、水俣の地域住民、そしてそれを取り巻く日本社会が抱く水俣に関するイメージに対しても大きな影響を及ぼしていたととらえられる。

こうした問題関心から、水俣病に関する新聞報道とそれについての批判や評価について、ニュース・バリュー、あるいはニュースの物語という観点に立ちつつ、まずは水俣で実施された地方選挙をとりあげ、考察を行う。

（1）「地域振興」という物語、そして儀礼としての選挙

先に述べたように、水俣病事件の報道の先駆けと言われているのは『熊本日日新聞』の一九五四年八月一日の記事、そして『西日本新聞』の一九五六年五月八日の記事である。その後、この事件は全国紙と地方紙でたびたびとりあげられるようになった。しかし、最初の報道の後に実施された三回の地方選挙、すなわち一九五八年二月の「水俣市長選挙」、一九五九年三月の「熊本県議会議員選挙」、そして同年四月の「水俣市議会選挙」において、この問題は争点としてとりあげられることはなく、これらの選挙に関する新聞記事を見ても水俣病事件はとりあげられていなかった。こうした事実と関連させながら、以下では水俣病事件の潜在化という問題について考えてみたい。

ここで地方選挙に関する報道をとりあげるのは、選挙という重要な政治的かつ社会的な出来事においては、地域社会で重要度が高いと考えられる問題や争点が本来は明確になるはずだからである。逆から見れば、水俣病事件が問題や争点として地方選挙でとりあげられていない場合、この問題は潜在化していると見なしうる。

その最も大きな要因は、言うまでもなく、当時の日本社会が「公害」あるいは「環境問題」という用語や概念をもつことなく、それゆえにこの問題の深刻さを認識できなかった点に求められよう。その理由としては、水俣病が事件として認識され始めた一九五〇年代後半、日本で高度経済成長がまさに始まっていたことが指摘できる。経済成長あるいは経済大国という「国家目標」、あるいは「大きな物語」は、むろん水俣を含む日本社会全体では積極的に容認され、実現されるべき支配的価値として位置づけられていた。この国家目標の中では、各地方における産業振興、すなわち「地域振興」が政策目標として位置づけられ、あるいは語られ、各地域社会においてもその目標は強く支持されていた。チッソという企業は、水俣という地域社会においては地域振興の、さらには日本の高度経済成長の有力な担い手であった。この点については、次の説明を掲げておけば十分であろう。

アセドアルデヒドや酢酸の生産は、……有機合成化学工業の柱であった。チッソは国内生産のトップに立ち、市場を左右できる地位にあり、昭和二〇年代の後半からの一〇年間に、チッソの有機合成部門では次々に技術の改良・刷新がなされ、設備も拡張された（橋本編 2000: 37-38）。

水俣は日本の重化学工業の先導役のひとつであったチッソを「頂点」とする「企業城下町」であり、高度経済成長の中で重要な役割を担う地域であった。チッソは水俣市においては、まさに地域振興の中核を担う必要不可欠な企業であった。こうした背景の中で、水俣病は生じ、以下に見るような地方選挙は実施され、報じられたのである。

水俣市長選挙（一九五八年）

一九五八年二月二三日に実施された水俣市長選挙は、市制施行後、それまで二期八年にわたって市長を務めていた橋本彦七（革新系）と中村止（保守系）という二人の候補者の争いとなった。この選挙に関する『熊本日日新聞』の記事（一九五八年二月一三日）を見ると、その見出しは「雨のなか火ブタ切る、水俣市長選と市議補選」となっている。この記事では、水俣病事件に関する言及はなく、両候補者の「抱負」などが掲載されている。見出しを中心にそれらの記事を要約してみる。

・中村止　「公平無私、不偏不党をモットーに奉仕する」、「産業振興、工業誘致で失業者のない街を作る」、「観光、衛生両施設の充実に努力する」。

・橋本彦七　「人命の尊重、民主教育の振興、財政の確立の三点を基礎とし、福祉都市の形成を目的とする」、

「社会保障、市民の健康と民生の安定に努める」、「生きた市政、美しい環境都市、産業道路の整備を促進して市の経済圏を拡大する」。

この選挙では中村候補が当選した。翌二四日の各紙はこの結果を伝えたが、『朝日新聞』と『毎日新聞』はいずれも「新市長に望む」という水俣市民の声をとりあげる記事を掲載した。しかし、そこでとりあげられたのは以下に示す人々の声だけであった。

・『朝日新聞』——「水俣商工会議所専務理事」、「湯之児町旅館業」、「会社員」、「失対労務者」、「主婦」
・『毎日新聞』——「水俣市議会事務局次長」、「時計楽器商」、「農業」、「主婦」

これらの報道を見ると水俣病事件に関する記事はなく、「市民の声」においても水俣病の患者や漁民の声はまったくとりあげられていない。さらに、選挙後の記者会見でも中村新市長が水俣病に触れることはなかった（たとえば、『西日本新聞』一九五八年二月二三日）。この選挙は、「革新系」対「保守系」両候補者の対立という物語にそって報道が行われた。選挙戦では経済発展という「大きな物語」と連動する「産業振興・工場誘致」、そして「福祉都市」、「社会保障」といった「地域振興」の物語がおもに語られ、報道されていたのである。地域振興という物語によって選挙関連のテクストは生産・受容され、水俣病事件をめぐるテクストはそこから排除されていた。

熊本県議会選挙・水俣市議会選挙（一九五九年）

つぎに、一九五九年三月に実施された熊本県議会選挙についての新聞報道を見てみる。一九五八年二月に実施された市長選挙以降、水俣病についてはいくつかの記事が掲載され、この問題の深刻さに対する認識はしだいに高まっていた。『熊本日日新聞』に限っても、かなりの紙面をさいて報道が行われている。その代表的な記事の見出しを掲げておく。

・水俣奇病の原因は新日窒の廃棄物、厚生省科学班が推定（一九五八年七月八日）
・［日曜ストーリー］〝水俣病〟に悲しみの一家、相次いで二人が発病、姉は死に、弟は盲目に（一九五八年八月二四日）
・「水俣病」に国際的なメス、米国からはるばる二博士、患者を診察、魚介類も採取（一九五八年九月一八日）
・「水俣病」に新患者？　禁漁区域外のタコ、夫が毎日とり、食べ続けた妻（一九五八年一〇月一八日）
・［今年来年］水俣病、望まれる原因究明、援護対策も軌道に（一九五八年一二月二九日）

このように、水俣病は当時少なくとも熊本県内ではかなり深刻な社会問題として認知され、報じられるようになっていた。また、政府（おもに厚生省）、国会、熊本県議会、水俣市議会、それぞれのレベルで対策の必要性が論じられ、予算措置も講じられるようになっていた。しかし、それにもかかわらず、一九五九年の熊本県議選と水俣市議選では、報道量が水俣市長選に比べて非常に少なかったこともあり、水俣病事件が選挙の争点として報道されることはなかった。

実際、県議会選挙は定員二人に対し立候補者二人という無投票であったことから、「水俣市（定員二人）、無投票に落ちつくか、自社一人ずつ出馬」（『熊本日日新聞』一九五九年三月二八日）という見出しでごく簡単に報じられただけであった。また、四月三〇日に選挙が実施された市議選に関しても、「三〇日の審判を待つ、水俣市議」

（同、一九五九年四月二三日、立候補者の顔写真を掲載）、選挙後の「新市議・晴れやかに登場」（同、一九五九年五月二日、当選者の顔写真を掲載）というように立候補者と当選者の紹介のみに終始した報道が行われただけであった。

これまで見てきたように、制度化された政治参加の機会であるはずの選挙において、新聞紙面を見る限り、水俣病事件が地域的な問題や争点として提起されることはなかった。もちろん、こうした報道は、当時の（あるいは現在も）日本各地の地方選挙の実態を反映しているという見方もできよう。というのも、地方選挙において地域で生じた社会問題や争点が直接に住民の投票行動を左右するということは、そうした問題や争点の深刻さが地域社会でよほど認識されない限り、一般にはあまり見られないからである。

とはいえ、比較的多くの紙面をさいて水俣病を報道してきた、地元の地方紙の『熊本日日新聞』にしても、この当時は水俣市におけるそうした状況を受容し、単なる儀礼的な選挙報道しか行わず、選挙期間中に水俣病を解決すべき地域問題として、地域社会の争点として積極的に提示することはなかった。地方選挙の儀礼に支配されたとも言える当時の新聞報道は、当然のことながら水俣病事件に対して高いニュース・バリューを認めず、その結果この問題に関する報道は排除されることになったのである。

(2)「中心＝我々」と「周辺＝彼ら」という物語

物語には複数の出来事を関連づける働きがあり（第2章）、また出来事に関与する人々、組織、そして空間（ないしは場所、地域）を意味づけ、評価を付与する機能も担っている。物語はまた、ある出来事を報道する際のニュース・バリューに大きく影響する。したがって、ニュースの物語という観点に立つならば、同時期の複数の出来事間の関係、そしてそれに関与する複数の人々、組織、空間のあいだの関係、さらにはそうした関係を歴史的な観点から考察することが必要かつ重要となる。

ここでは、「中心と周辺」という観点から、水俣病事件をめぐるニュースの物語に関して検討してみる。まず『朝日新聞』による水俣病報道の「判断ミス」のひとつとして、「水俣病をローカルニュースとしてとらえた」（柴田 2000: 130）という指摘が行われたことがある。『朝日新聞』をはじめ全国紙において、水俣病事件は当初「東京—熊本—水俣」という階層図式の中で扱われ、低いニュース・バリューしか付与されなかったこと、それがここで言う「ローカルニュース」という言葉のもつ意味だと言える。九州のブロック紙で、福岡市に本社を置く『西日本新聞』の場合、通信社から配信される記事を除けば、この階層図式は「福岡—熊本—水俣」、そして地方紙の『熊本日日新聞』の場合には、「熊本—水俣」と表記できるであろう。水俣という地域は、全国紙、ブロック紙、地方紙（県紙）、それぞれにおいて周辺に位置づけられていたと見ることができる。

それに加え、これまで再三述べてきたように、チッソという企業そして工場が、水俣にとって最も重要な存在と見なされ、企業であり、それに対する地域経済の依存度もきわめて高かったことも指摘できる。その中で、水俣という地域社会においては、水俣病被害者の社会的位置づけは概して低いものであった。以下の指摘は、その状況と理由について述べている。

> 患者を出した漁家の多くは外地からのかつての引揚者であるが、引揚者の中でも才覚のあるものはチッソに就職し、残りのものがその日からでも暮らしの立つ漁民になったと言われる。……大局としては、水俣病の被害者は、社会経済的にみて、水俣病の発生以前から、地域のマイノリティグループであった……（飯島 1984: 177）。

こうして見ると、水俣病は、水俣という地理的に「周辺」に位置づけられた空間において、そしてその空間の中で「マイノリティグループ」として、さらに社会的に周辺に位置づけられた人々を中心に発生した公害病ということができよう。水俣ではその対極に地域振興、産業振興、経済発展といった物語を具体化するチッソという企業組織が、地域社会の中心に存在していたのである。実際、こうした物語にそった水俣に関する報道は数多くなされていた。以下の新聞記事の見出しはその一部である（ここで「新日窒」というのはチッソを指す。以下同様）。

・市税の半分を負担、水俣新日窒の市税調査（『西日本新聞』一九五五年九月一一日）
・水俣港の修築プラン、調査委員会で成案、工費六億七千年で（『西日本新聞』一九五六年一月一八日）

また、前述したように、一九五六年五月の「公式確認（発見）」以降、水俣病の報道量は急増したが、そうした状況下でも以下のような記事が掲載されているのである。

・近代化する新日窒、並ぶ巨大な石炭ガマ、二つの大工事、能率と合理化をめざし（『熊本日日新聞』一九五八年一月一四日）

近代、とくに第二次世界大戦後の日本社会においては、一九五〇～六〇年代の激しい政治・社会対立や紛争、そして労使紛争などが生じながらも、他方では日本社会の構成員の多くは、地域振興、産業振興、経済発展といった価値を優先させ、それに基づく国家の発展という物語を共有し、「生産力ナショナリズム」の傾向を支持することで、主流の「国民」に参入する資格を獲得してきたという経緯がある。こうした価値や物語を媒介として、まさに国民的アイデンティティが形成され、自己確認を行うことで、日本社会の構成員は「我々」意識を醸成してきたと言える。この点を踏まえるならば、高度経済成長の準備期ともいえる一九五〇年代において、水俣病の被害者がこうした「中心＝我々」に属さない、あるいはそれから取り残された人々と見なされ、「周辺＝彼ら」と位置づけられていたととらえられるのである。

それに加えて、水俣病の被害者としての漁民とそれ以外の漁民や地域住民とのあいだでもさまざまな問題が生じていたが、この点はきわめて重要である。被害者は身近な職業組織や近隣社会によっても、「彼ら」と位置づけられ、差別され、周辺に位置づけられるようになったのである。この状況は、以下に見るように水俣病報道によって促進されたという側面をもっていた。

（水俣病に関連する漁業不振と、それに関連する報道をめぐって）被害者であるべき患者が加害者的立場に立たされ、それを支援、擁護する記事が出れば出るほど、患者とその家族の苦しみは大きくなるという結果を生んだ（森 1970：59, カッコ内引用者）。

こうした関係、あるいは問題は、じつは当時のジャーナリストと被害者とのあいだにも存在していたと言える。当時のジャーナリストの価値観からすると、以下の指摘にあるように、被害者がやはり「周辺＝彼ら」と位置づけられることはまれではなく、ごく自然に行われていた。

水俣病患者たちは近代社会に包摂されないままの人たちだから、新聞記者の期待する通りの動きや反応を見せないことの方が多い。……水俣病そのものが、その歴史的経過からして、解きほぐし難く複雑化しているので、せっかちな記者は出来合いのパターンを安易にあてはめて、事足れりとしようとする（宮沢 1972：26）。

郵便はがき

恐縮ですが
切手をお貼
りください

112-0005

東京都文京区
水道二丁目一番一号

勁草書房
愛読者カード係行

(弊社へのご意見・ご要望などお知らせください)

・本カードをお送りいただいた方に「総合図書目録」をお送りいたします。
・HP を開いております。ご利用ください。http://www.keisoshobo.co.jp
・裏面の「書籍注文書」を弊社刊行図書のご注文にご利用ください。ご指定の書店様に至急お送り致します。書店様から入荷のご連絡を差し上げますので、連絡先(ご住所お電話番号)を明記してください。
・代金引換えの宅配便でお届けする方法もございます。代金は現品と引換えにお支払いください。送料は全国一律100円 (ただし書籍代金の合計額 (税込) が1,000円以上で無料)になります。別途手数料が一回のご注文につき一律200円かかります(2013 年 7 月改訂)。

愛読者カード

30227-7　C3031

本書名　メディアの中の政治

お名前《ふりがな》　（　　歳）

ご職業

ご住所　〒　　お電話（　　）　－

本書を何でお知りになりましたか
書店店頭（　　書店）／新聞広告（　　新聞）
目録、書評、チラシ、HP、その他（　　）

本書についてご意見・ご感想をお聞かせください。なお、一部をHPをはじめ広告媒体に掲載させていただくことがございます。ご了承ください。

◇書籍注文書◇

最寄りご指定書店

市　町（区）

書店

（書名）	¥	（　）	部
（書名）	¥	（　）	部
（書名）	¥	（　）	部
（書名）	¥	（　）	部

ご記入いただいた個人情報につきましては、弊社からお客様へのご案内以外には使用いたしません。詳しくは弊社HPのプライバシーポリシーをご覧ください。

記者たちの多くは、複雑な様相を見せていたこの水俣病事件、そして「期待通りの動きや反応を見せない」患者を前にして、安易な報道姿勢をとることになった。それは、結果的には水俣という地域社会、そして水俣病患者を「周辺」へと押しやる一つの、しかし重要な要因になったのである。

以上述べてきたように、水俣病の被害者は、水俣という日本社会における空間的な位置、水俣という地域における社会的な位置、そして「奇病」という名づけに象徴される職業組織や近隣社会における位置、いずれにおいても「周辺＝彼ら」と位置づけられていたと言える。その結果、この問題は社会的に長期間潜在化することになり、のちにたとえ顕在化したとしても、適切な定義づけや意味づけが困難になったのである。

4　水俣病事件の物語化とニュース・バリュー

水俣病事件が、一九五〇年代後半に実施された地方選挙で争点にならなかったこと、そしてその要因が日本の経済成長という「大きな物語」や地域の産業振興という目標と連動する水俣におけるチッソという企業の存在の大きさ、さらには水俣という地域社会が「周辺」に位置づけられていたことについてこれまで論じてきた。以下では、やはりニュース・バリューとニュースの物語といった観点から、水俣病の被害者となった漁民によっておもに担われたチッソに対する抗議活動に関する新聞報道を中心に分析を行うことにしたい。

(1)　出来事の物語化とニュースの物語①——対立と紛争

ニュース・バリューに関しては、これまで多くの研究が蓄積されてきたが、そのひとつとして頻繁にあげられるのが「対立や紛争」である。すなわち、個人間、組織間、そして国家間で深刻な対立や紛争が生じると、その出来事がニュースとなる可能性が高まるというわけである。逆から見ると、ジャーナリズムは出来事を対立や紛争の構図でとらえることを好むと言うこともできる。こうした志向を支えているのが、ジャーナリズムのみならず、社会の構成員のあいだで共有される物語、すなわち「対立や紛争の物語」なのである。

水俣病をめぐる地域紛争も、この「対立や紛争の物語」と適合することで、ニュース・バリューを高め、積極的に報道されるようになった。水俣病「公式発見」から約三年後の一九五九年八月、水俣漁協は補償金や浄化装置の設置を要求して、チッソ水俣工場との交渉に入った。しかし、工場側の不誠実な回答が漁民の怒りをいっそう高め、交渉会場に乱入するという事件が起きた（第一次漁民紛争）。この出来事に関しては、「新日窒工場へ侵入、水俣市の漁民デモ、補償増額をせまる」（『西日本新聞』一九五九年八月七日）などと報道された。

その後、水俣病事件関連の新聞報道量が急増したのが、一九五九年一一月二日に「第二次漁民紛争」が生じたときであった。この紛争は、同年一〇月に熊本県連漁連が漁民総決起大会で、チッソ工場の浄化装置完成までの操業停止などを求めてチッソに交渉を申し入れたにもかかわらず、拒否されたことから生じたものであった。この「第二次漁民紛争」については、以下のような見出しで報道されている。

・工場内に再度乱入、警官と衝突、百余人が負傷、団交拒否に怒り爆発（『熊本日日新聞』一九五九年一一月三日）
・水俣病騒動の背景、行政当局漁民を見捨てていた、漁民側指導者の統率力不足も（『熊本日日新聞』同）
・水俣で漁民また騒ぐ、新日窒工場で五〇数人負傷、後手の警官隊やっと鎮圧（『朝日新聞』同）
・暴徒と化した不知火海の漁民、酒気が火に油を注ぐ、新日窒・警察にも誤算（『朝日新聞』同）

これらの見出しを見る限り、当時の新聞ジャーナリズムが、漁民に関しては、「乱入」、「騒ぐ」、「暴徒と化した」、「（漁民たちの）酒気が火に油を注ぐ」というようにきわめて否定的にとらえ、報道していたことがわかる。その理由としては、これまで再三述べてきたように、「水俣の世論としては、〝オール水俣〟でチッソを擁護するというもので、漁民たちはまったく孤立した状況下でチッソの排水を止めるように要望していた」（飯島 1984: 133）という指摘にあるように、チッソの「企業城下町」という水俣の性質からして、また当時の日本社会における環境問題の認識の低さからすると、こうした「騒動」自体を問題視し、批判する素地が存在していたことがあげられる。それでも、「行政当局漁民を見捨てていた」という表現に見られるように、地元地方紙の『熊本日日新聞』が、全国紙の『朝日新聞』と比べ、被害者である漁民の側の主張に比較的配慮した報道をしていたことがわかる。

それに加え、これらの見出しでは、「対立・紛争」の当事者が「漁民」と「警察」を中心に描かれていることはきわめて重要である。というのも、「漁民」の交渉あるいは要求の主たる相手はチッソのはずだったからである。この当然の事実が、これらの見出しでは強調されず、「騒動」のそもそもの原因であるチッソ水俣工場の廃棄物の問題が、少なくとも見出しでは後景に退いてしまっている。この点に、当時の日本社会を支配していたニュース・バリューないしはニュースの物語の存在、そしてそれらに内在していた権力の姿を見てとることができる。

（2）出来事の物語化とニュースの物語②——紛争の発生—展開—終結

「物語」には、出来事を時間的経過の中に位置づける（ストーリー）、あるいは出来事を因果関係によって説明する（プロット）、という重要な要素が存在することについてはすでに述べた（第1章、第2章）。水俣病をめぐるニュースに関しても、この地域紛争が「紛争の発生―展開―終結」という一種のストーリーとして語られ、それによって報道が枠づけられたと言える。ここではとくに、この地域紛争の「終結」を印象づけた新聞記事について検討してみる。前述した一九五九年八月の水俣漁協とチッソとの交渉、そしてそれにともなって生じた「第一次漁民紛争」と、水俣市長らによる漁業補償のあっせん案の漁民側の受諾という、とりあえずの「終結」については、次のような見出しで報道されている（傍点、引用者）。

・水俣紛争円満に解決、きょう調印、双方あっ旋案受託、今後は仲良く（『熊本日日新聞』八月二二日）
・あっせん委を設置、水俣の汚水紛争、団交中止、漁民解散（『毎日新聞』同）

その後に生じた、前述の「第二次漁民紛争」も、同年一二月一七日の水俣漁協とチッソとのあいだの調停案の合意と妥結、そして一二月三〇日に患者とのあいだでいわゆる「見舞金協定」が結ばれたことで、再度いったんは「終結」を迎えることになった。この模様についても次のような見出しで報じられた（傍点、引用者）。

・昨夜調停案に調印、水俣紛争、会社・漁連とも呑む（『熊本日日新聞』一二月一八日）
・水俣病紛争解決、調停委発足三週間ぶり、補償金年内に支払う、新日窒なお残る患者、他県補償（『西日本新聞』一二月一九日）
・解決した水俣の漁業補償、調停案一億円をのむ、細目は今後の折衝（『朝日新聞』一二月一九日）
・患者補償も解決、水俣病、年内に一時金支給（『西日本新聞』一二月二九日）
・補償調印終わる、水俣病、きょうから支払い（『朝日新聞』一二月三〇日）

・水俣病補償金、一ヶ月ぶりに調印、物価変動にもクギ、一時金千三百万受け取る（『熊本日日新聞』一二月三一日）
・一時金と年金を支給、水俣病、患者補償も解決（『熊本日日新聞』一二月三一日）

これらの調停や協定が結ばれたという事実、それによって水俣病事件という地域紛争が収束、あるいは終結したという見解が示されたことは、この問題が地域社会や地域住民に及ぼしていた深刻な影響を考慮し、そして公害問題に関する情報がきわめて不足していた社会背景を勘案するならば、相応に理解することも可能かもしれない。しかし、後に多くの人々が指摘したように、とくに「見舞金協定」は重大な問題をかかえていた。そして、この協定が結ばれたことは、水俣病事件の展開に大きな影響を及ぼすことになった。以下の指摘は、この点を端的に示している。

> 五九年一二月から六九年六月までの間に七次にわたり、患者が水俣病の認定を受けた都度、チッソと患者あるいは近親者との間で見舞金契約が締結されることになる。……将来、水俣病がチッソの工場排水によるものであることが決定した場合においても、新たな補償金の要求はいっさい行わないものとする（権利放棄条項）というものであり、この見舞金契約の効力は裁判において争われることになる（本間 1979：28–29）。

前掲の「見舞金協定」の調印を報じる新聞報道の見出しでは、「権利放棄条項」についてはいっさい触れられていない。そこでは、水俣病事件という地域紛争の終結が強く印象づけられる見出しが掲げられ、報道されていた。それに加え、一九六〇年以降、見舞金契約の交渉のみならず、水俣病の原因物質の解明、新潟水俣病の公式発表（一九六五年）など、この問題に関連するさまざまな出来事が生じていたにもかかわらず、一九六八年までいわゆる「報道停滞期」ないしは「報道空白期」が存在した点は強調されるべきであろう（第2節の水俣病報道の歴史区分を参照）。この点に関連して、『朝日新聞』の記者はかつて次のように記したことがある。

世界の環境問題の原点になった水俣病の報道は現在も続いている。しかし、その長期にわたる報道には「痛恨の停滞期」があった。その間、真実に鋭い目を向けていたのはマスコミに属さない取材者たちだった（朝日新聞報道取材班 1996：168）。

こうした反省に続いて、「他の新聞も大差はない。最初に報道が盛り上がってから六八年にキャンペーンを始めるまでの約八年間」（同：170-71）が「報道停滞期」であったという説明が加えられている。この時期、水俣病に関するマス・メディアの報道は概して低調であった。その重要な要因のひとつとして、前掲の一九五九年の「見舞金協定」締結による紛争の「終結」というマス・メディアの認識をあげることは可能であろう。先に、「マスコミなどはよそものの中のよそものである」と厳しく論難した石牟礼は、水俣病をめぐるマス・メディア報道について次のようにも記している。

水俣市民会議の動きとやや平行しつつ地元熊日紙キャンペーン「水俣病は叫ぶ」。続いて朝日新聞キャンペーン開始。……漸次、全マスコミ、潜在している諸公害の発生の予兆に対して感度高まり……。国民の生存権の危機感の反映……。しかしおそろしくマスコミは忙しくて忘れっぽい（石牟礼 1968：270）。

水俣病は一九五〇年代、たしかに積極的に報道されるようになった。しかし、「忙しくて忘れっぽい」マス・メディアによって、水俣病は「発生—展開—終結」という物語によって報じられ、語られることになった。そして、マス・メディア、さらには日本社会の多数の人々によって「終結」を迎えたと判断された水俣病をめぐる地域紛争は、ニュース・バリューを低下させ、八年ものあいだ報道量を減少させることになったのである。

（3）出来事の物語化とニュースの物語③——報道の公平・中立性、そして客観報道

日本新聞協会の「新聞倫理綱領」（二〇〇〇年改正）には次の一文がある。

正確と公正——新聞は歴史の記録者であり、記者の任務は真実の追究である。報道は正確かつ公正でなければならず、記者個人の立場や信条に左右されてはならない。論評は世におもねらず、所信を貫くべきである（第三項）。

ここで言う「正確かつ公正」な報道を行うためにジャーナリストのあいだで広く共有されているのが、報道の公平・中立性という理念であり、またそれを実現するためにとられている客観報道という手法である。報道の公平・中立性や客観報道の必要性や重要性に関しては、ジャーナリズムのみならず社会全体で広く認知され、共有されている。ところが水俣病事件の初期報道を見ると、こうした理念や手法がかえってさまざまな問題を引き起こしていたことがわかる。

熊本大学研究班などは、水俣病については一九五七年段階でチッソ「水銀説」をすでに主張していた。ところが、チッソは排出廃棄物が基準値以下であると反論していた（一九五八年）。また、東京工業大学の清浦雷作教授も、チッソの工場排水が原因であると断定することは妥当でないという報告を行っていた（一九五九年）。それ以

外にもさまざまな原因説、すなわち「非水銀説」が展開されていた。

当時のジャーナリズムはこうした「出来事」についても報道することになった。これらの報道では、「さらに今後の研究がまたれている」、「次回までにはなんらかの進展があるものとみられる」、「さらに研究が進められている」というような言葉が用いられ、それにより水俣病は「原因不明」の病気という印象が形成されてしまったのである（小林 2007: 50）。こうした報道姿勢をとった重要な要因のひとつが、報道の公平・中立性という理念であり、客観報道という手法であった。以下の指摘は、その点を明らかにしている。

> チッソ側がつぎつぎと打ち出してきた「非水銀説」に振り回され、「原因の確定を引き延ばそうとする工作」に新聞もやすやすとのせられてしまった。……対立や論争がある場合には、「報道は中立でなければならない」という原則があり、この「報道の中立」が逆手にとられたのだといえよう（柴田 2000: 132-33）。

ここでの「原因の確定を引き延ばそうとする工作」という指摘は、新聞紙上においては「非水銀説」をめぐる報道に限られていたわけではない。それは、すでに述べたように、「原因究明」そして「原因物質の解明」という言葉によっても言い換えられていたのである。そして、この言い換えこそが「チッソを免責し、『工場排水の排出停止』という有効な対策の提起を排除し、……チッソの生産拡大を優先させる」（小林 2004: 152）という結果を生み出したのである。

これら一連の報道の影響はそれだけにとどまらず、被害者たちの意識や運動にも影響を及ぼしていた。すなわち、「地元のローカル紙『水俣タイムス』は、患者の状況やチッソの内部情報などもかなり的確に報道していた」にもかかわらず、「見舞金契約時は、有機水銀説に対する反論を中央のマスコミが大々的にとりあげたため、熊本大学の有機水銀説に力を得て補償交渉を進めていた患者家族代表の自信を喪失（させる）」ことになったのである（橋本編 2000：209–10，カッコ内引用者）。

報道の公平・中立性を保ち、客観報道を行うこと、それはジャーナリストにとって重要な価値であり、課題である。しかし、初期の水俣病報道の場合、この価値が結果的に被害を拡大させ、問題の解決を遅らせた要因のひとつになったと言える。このことは、客観報道という手法によって「ニュースやジャーナリズムが、価値を担い、選択的な性質を有するということ、そして体制側につくという根深い偏向をもつことが隠蔽されてしまう」（McNair 1998：72）という批判を裏づけていると思われる。

5　むすび

二〇〇四年一〇月一五日、最高裁判所は「水俣病関西訴訟」において、国家政府と熊本県の行政責任を明確に認める判決を下した。翌一六日の主要紙は一面トップで「水俣病、国・県の責任確定」（『朝日新聞』）、「最高裁、行政責任認める」（『毎日新聞』）、「水俣病、国・県に責任」（『読売新聞』）という見出しで大きく報じ、判決要旨や関連記事を数多く掲載した。また社説では、「国の怠慢が裁かれた」（『朝日新聞』）、「行政の不作為もう許されない」（『毎日新聞』、傍点引用者）、「半世紀要した行政責任の確定」（『読売新聞』）というように厳しい論調で政府批判が行われた。水俣病の被害の大きさと深刻さを考慮するならば、そうした報道や論評はきわめて妥当なものだと言えよう。しかし、その後もこうした水俣病患者の認定をめぐっては、司法や行政の判断を中心にさまざまな論議が積み重ねられてきた。この問題は「終結」を迎えてはいないのである。

本章は、一九五〇年代の水俣病報道を中心に、いくつかの観点から検討を行ってきた。そこでは「ジャーナリズムの不作為」についても論じてきた。新聞紙面やニュースの時間枠が限定されている以上、ニュースの生産過程において、ニュース・バリューに応じて社会的出来事が選別され、優先順位がつけられるのは当然である。そのことを認識しながらも、個々のジャーナリストやジャーナリズム組織がそうした不作為を反省し、批判することは、それ自体有用かつ重要な作業であることは論をまたない。本章で参照したいくつかの文献や論文に見られるように、水俣病報道をめぐっても、いわゆるジャーナリズム批判がジャーナリスト自らの手によって厳しい論調で行われてきたのは事実である。しかし、ジャーナリズム論やマス・コミュニケーション論をはじめとする既存のジャーナリズム研究がその段階にとどまることは許されない。そうした不作為を生み出した理由について、批判的に考察することが求められている。研究成果を参照しながら、批判的に考察することが求められている。

注

（1）しかし水俣病事件のその後の展開を見るならば、たとえば「水俣病被害者救済法に基づき救済策を申請したものの、対象外と判定された人からの異議について、熊本、鹿児島両県は一九日、申し立てを却下する方針を正式に決めた」（『朝日新聞』二〇一三年二月二〇日）という報道に見られるように、一九九五年当時に司法や行政によって「決着」が図られたはずのこの問題は、いまだに解決されたと言える状況にはない。

（2）「公害」という概念については、「主には私企業や公共事業体が、部分的には住民自身が、その有害排出物によって、自然環境や生活環境、地域住民の健康や生命、生活を侵害する現象をさすもの」（飯島 1984: 3）と説明され、定義されている。

第6章　水俣病報道と労働運動
――「チッソ安賃闘争」を中心に――

1　はじめに――ジャーナリズムの不作為と労働運動

前章で述べたように、一九五九年一二月に結ばれた「見舞金契約」を境に、水俣病事件に関する報道量は減少へと向かった。一九六〇年以降、水俣病の原因物質の解明、新潟水俣病の公式発表（一九六五年）など、この問題に関連するさまざまな出来事が生じていたにもかかわらず、一九六八年までいわゆる「報道停滞期」を迎えたのである。

以下では、前章での考察を踏まえながらも、一九六一年から六三年にかけてチッソで生じた労使紛争、すなわち「安定賃金闘争」に注目する。というのも、「報道停滞期」が始まってから間もなく、水俣という地域社会は安定賃金闘争という、やはりきわめて深刻な社会問題によって全国から注目を浴びることになったからである。本章では、この労使紛争とこの問題をめぐる新聞報道を中心に検討を行う。その際の視点は、前章の延長線上にあるが、ここでは以下に示すように再度整理してみる。

第一は、報道停滞期とは、現在から見ればマス・メディアが報道すべき問題を報道しなかった、いわゆる「ジャーナリズムの不作為」の時期にあたると評価できることである（もちろん、後述するように、この時期水俣病関連報道は不十分ながら行われてはいた）。この問題については、たしかにジャーナリズム論やニュース論の観点からの分析が可能である。しかし本章では、チッソの労使紛争という問題を重視し、この問題を積極的に報道したジャーナリズムの側の意識、とくにマス・メディアのニュース・バリューの問題に焦点をあわせて考察を行う。

第二は、そうしたジャーナリズムの意識やニュース・バリューの形成要因としての、社会の構成員の意識、ないしは社会の価値観の分布、すなわち当時の支配的価値観を問題の中心にすえることである。その対象は、水俣という地域社会を中心としながらも、水俣市と直接にかかわる行政単位としての熊本県、さらには日本社会にまで及ぶことになる。

第三に、その中でもとくに、水俣という地域社会の構成員であったチッソの労働者の意識がここでは重要な研究対象となる。というのも、その後日本社会で活発化した公害や環境問題をめぐる住民運動や市民運動を見るならば、労働組合やその構成員が、公害発生源である企業、そして対策が遅れた自治体や政府などに対して批判的な態度を示し、活動する例も数多く見られたからである。そこで本章では、当時の「革新」勢力の中心的担い手であった労働組合、なかでも水俣病事件の当事者とも言える新日本窒素労働組合（新日窒労組、以下「チッソ労組」）が、とくに水俣病公式発見後、水俣病事件と水俣病患者とどのようにかかわってきたのかという問題を中心に据える。結論を先取りするならば、チッソ労組はこの問題が表面化してから、患者に義捐金を送るなど一定の対応はしていたものの、本格的な支援や共闘、そしてチッソに対する強力な抗議活動は一九六八年八月三〇日に公表された、いわゆる「恥宣言」を待たねばならなかった。

以下では、水俣病事件をめぐるジャーナリズムの報道姿勢に関する前章での考察を踏まえつつも、次のような問いを立てて論を進める。それは、水俣病の公式発見から「恥宣言」に至る、約一二年間のチッソ労組の活動をどのように評価すべきか、またそうした運動と水俣病患者が展開したさまざまな主張や運動との関係をどのようにとらえるべきなのかという問いである。その作業を進めるにあたり、本章では一九五〇年代後半から六〇年代にかけての日本の政治・経済・社会状況、そして当時の社会運動、なかでも労働運動の特徴を考慮しつつ、さらにはメディアなどに現われたさまざまな世論の風潮を踏まえながら、「恥宣言」を表明するに至ったチッソ労組の運動を中心に論じることにしたい。

そして、これら一連の考察を通じて、チッソの労使紛争から「排除」された水俣病、そして水俣病患者、漁業関係者、そして関連団体が、水俣という地域社会においてどのように位置づけられていたかという問題、さらにはそうした趨勢に当時の報道がいかなる影響を及ぼしていたかという問題に関して考察することが可能になると考える。すなわち、本章での分析を通じて、水俣という地域社会、そして水俣病事件という社会問題を再考する手がかりが得られると考えられるのである。このような問題意識から、安定賃金闘争が生じた当時の日本の政治・社会・経済状況について、まず労働争議や労働運動を軸に検討してみる。

2　一九六〇年前後の社会意識、労働運動、社会運動

(1) 戦後復興と社会意識の変化

一九五一年にサンフランシスコ講和条約が締結され、日本は独立国家として再出発した。経済的には朝鮮（戦争）特需（一九五〇〜五二年）を経て、官民一体となって経済成長の道をひた走るようになった。それを経済成長率で見ると、一一・二％（五五年）、六・四％（五六年）、六・八％（五七年）、三・九％（五八年）、一六・五％

（五九年）、一一・九％（六〇年）となっている。戦後の一〇年間（一九四五〜五五年）、経済成長率は平均八・五％と高い数字を記録し、一九五五年には生活水準もおおむね戦前平常時の水準に戻り、経済の課題は戦後の復興から、独立国家にふさわしい経済の自立の達成という目標へと変わっていった（宮崎 1989: 8, 参照）。これらの数値は、一九六〇年に「所得倍増計画」（池田勇人内閣）が打ち出される以前に高度経済成長の時代がすでに到来していたことを示している。

また、一九五五年には戦後の日本型政党政治の原型とも言える「五五年体制」、すなわち自民党の長期安定政権が開始された。その当時、幅広い世論の支持を得ながら経済成長を先導していたのが、五五年体制下での自民党の中でも「保守本流」と言われる勢力であった。この勢力は、後述する「六〇年安保闘争」をへて、「日米協調、経済大国志向、改憲問題への慎重な対処の三本柱を内容とし……、官僚出身の戦後保守政治家集団の政策能力に大きく依存する」（山口 1985: 97）ことの妥当性と正当性を主張していた。前章でも触れたように、この主張はいくつかの批判を受けながらも、日本社会に広く受容され、当然視されるようになった。とくに、「経済大国志向」は、人々の生活水準の向上という目に見える変化と連動しながら普及し、産業政策の中で具体化され、その後の高度経済成長を支えることになった。

実際、この時期、テレビ、電気洗濯機、電気冷蔵庫などの耐久消費財に対する需要が急増し、日本社会は本格的な消費社会ないしは大衆社会の様相を見せ始めていた。それに関しては、①耐久消費財の普及度が高まるにつれて、量産効果によりコスト、価格が低下し、それがさらに普及を促したこと、②その過程でデモンストレーション効果が強く作用し、他方、耐久消費財の普及とともに中流階層意識が一般化していったこと、などが指摘されている（香西 1981: 133）。消費社会の到来が中流意識の普及を促進したのである。

そこで労働者の意識と密接に関連する階層・階級意識を中心に、当時の人々の社会意識についてまず検討してみる。ＮＨＫ放送世論調査所は、当時の人々の「階層帰属意識」に関して、総理府の調査を時系列的に要約し、一九六〇年にすでに「中流階層意識」が七七％にまで達したこと（中の上四％、中の中四一％、中の下三二％）、そしてその上昇傾向が一九七〇年まで継続していたことを報告している（ＮＨＫ放送世論調査所 1982：70-71）。同時に、「暮らし向きの将来の見通し」についても、「楽観的な見通し」をもつ人の割合が一九六〇年代の終わりまで直線的に増大し、七〇年の段階では「良くなっていく」は三七％にまで達し、それに対して「悪くなっていく」は六％にとどまっていることも報告している（同：68-69）。このように六〇年代の高度経済成長が、人々の階層意識や将来の見通しに対しかなりの影響を与えていたことがわかる。

　その一方、ここで注目すべきは、当時の「階級帰属意識」（男性のみ）に関する調査結果である（同：70-71）。一九五五年当時、それらの人々の階級帰属意識は、「労働者」七四％、「中産階級」二三％であり、労働者としての意識がかなり高かったことがわかる。その後、高度経済成長が軌道に乗り、産業構造の転換が進み、人々の所得も急増していったが、それにもかかわらず六七年調査を見ても「労働者」六二％、「中産階級」二〇％と、その変化は一定程度にとどまっていた。

　これらの結果は、経済復興や経済成長により産業構造の転換が進み、生活水準が確実に上昇したにもかかわらず、「（成年男性の）階級帰属意識」に関しては「労働者」と回答する割合が依然として高い水準にあったことを示している。実際、一九五〇〜六〇年代にかけては、人口増加が進み、企業労働者が急増するにつれ、労働組合、労働組合員、労働争議の数は増加していった。そこで以下では、当時の労働組合と労働運動の展開について概観する。

（2）「革新」勢力の中の労働運動

ここではまず、戦後日本の社会学、および社会運動論における労働組合と労働運動の位置づけについて若干の検討を行うことにしたい。社会運動については、①複数の人々が集合的に、②社会のある側面を変革するために、③組織的に取り組み、その結果、④敵手・競合者と多様な社会的な相互作用を展開する非制度的な手段を用いる行為」（大畑ほか 2004：4）と定義されたことがある（第3章、参照）。

近年の、とくに日本の社会運動論を含む社会学、あるいは政治学関連の文献や論文を見ると、労働組合は社会運動組織というよりも、政治システムの中では制度化した圧力団体として位置づけられることのほうがはるかに多い。その原因としては、第一に高度経済成長をとげ、成熟した日本社会においては、社会変革や社会問題の提起やその解決に直接関与しようとする意識が低下し、労働運動に限らず、社会運動が全般に低調なことがあげられる。第二に、先に掲げた社会運動の定義のうちの「非制度的な手段」、たとえばデモやストライキといった（合法的ではありながらも）まさに「運動」の担い手としての役割を、労働組合が低下させてきたことが指摘できる。

しかし、本章で検討する、おもに一九六〇年代初頭に展開されたチッソの労働運動、とくにチッソ労組による労働運動は上記の定義にまさに該当する社会運動そのものと把握できる。くわえて、この労働運動については、以下に見るように「社会のある側面を変革」することに大きく寄与したという評価も可能である。それは、企業（チッソ）に対する労働組合運動の成果という側面もたしかにあるが、それ以上にこの運動が前述した水俣病患者との積極的な連帯という、従来の日本の労働組合の姿勢や活動に「変革」をもたらしたと評価できる点に求められる。以下では、チッソの労働運動に関する検討を行う準備作業として、日本の労働運動の特質、そして「革新」勢力の中における労働組合の位置づけについて考察を試みる。

一九六〇年代の労働運動を見ると、「五五年体制」が成立した当時、それは先にも述べたように代表的な社会運動としてとらえることが可能である。また、一九五〇年には「日本労働組合総評議会（総評）」が結成されるなど、労働者の組織化はすでに着実に進んでいた。ただし、ここで留意すべきは、周知のように日本の労働組合が以下のような特徴を備える「企業別組合」という組織形態をとってきたことである（塩田 1982：159–60）。

①組合員の資格を特定企業の従業員に限定し、従業員としての地位を失った場合には、事実上、組合員としての権利と義務を失う。
②その従業員の大部分が、職種や階層の区別なく全員が加入している。そのさい、常備の職員と工員は組合員であるが、臨時工、社外工は除外される。
③このように企業の従業員だけを組合員とする労働組合が、独自の規約のもとに、独自の財政と機関をもって、独自の組織運動を行い、かつ団体交渉の当事者となる。

「企業別組合」に関してはまた、「一挙に多数の労働者を組織することができる点では効率的な組合であったが、反面、労働者の団結の範囲が狭く、企業意識にとらわれて経営者に従属させられやすいという弱点をはらんでいた」（同：160）とも指摘されている。このような組織形態に関しては、以下に見るように「丸抱え」という用語によって巧みに説明されたことがある。

「企業別組合」として指摘される特質はぬき難く、一つの企業体という既存の組織と重複した形で労働組合が作られ経営秩序における単位としての職場をそのまま労働組合の組織単位として丸抱えしているという性格は今日まで容易に否定されえない。……「丸抱え」の場合には……その成員の全人格を残りなく、あるいは排他的に包摂し、いわば共同体的な連帯感情によって成員を拘束しようとする傾向を示している……（石田 1961：87）。

ここで言う「丸抱え」（それは「企業一家主義」とも呼ばれてきた）という特質に支えられることで、日本の労働組合と労働運動は「企業内福祉の先行や企業別労働組合という組合の組織形態から来る制約、さらには組合運動のナショナル・センター（労働組合の全国組織）のイデオロギー的分断（とくに総評と同盟）と民間セクターの組合組織率の低さなどの構造的要因に規定（される）」（山口 1989：261，カッコ内引用者）ようになった。これが一般に、「日本型労働運動」の特質と呼ばれるものである。このような特徴を有しながらも、総評を中心とする労働組合と労働運動は、労働者を結集する社会運動組織として、また政策過程にさまざまな要求を提示する圧力団体として積極的かつ精力的に活動を展開していた。

ただし、こうした活動を行っていたのは労働組合だけではなかった。さまざまな主張や要求を表明し、運動を展開する社会運動は労働運動以外にも数多く存在し、それはのちに「革新国民運動」（清水 1966）と呼ばれるようになった。なお、革新国民運動の構成と性質は次のように整理され、説明されたことがある（高畠 1979：324-34，傍点引用者）。

①政治的条件　さまざまな路線やイデオロギーの対立を超えて、「革新」勢力は、戦後民主的諸改革の成果を擁護するという一線に凝集するようになる。護憲が共同の政策目標となった。

②組織とリーダーシップ　「進歩的文化人（たとえば平和問題談話会）」が表面上指導的役割を担ったが、実際に運動の中心に位置したのは総評に結集した労働組合であった。政治的中枢には社会党が存在した。

③裾野　この運動の裾野には広範な文化団体（映画、演劇、舞踊、音楽、美術、文学、学術など）の活動があり、

職場や組合組織を網の目のように埋めていた活発なサークル活動が存在した。

「革新国民運動」という枠の中では、労働運動はこのような位置づけが可能である。「五五年体制」が成立した一九五五年は、労働運動にとっても大きな転換の年であった。というのも、総評はこの年に「高野（実）体制」から「太田（薫）‐岩井（章）」体制に移行し、春闘も開始されたからである。こうした体制転換の最も大きな特徴としては、鳩山一郎政権の政策転換を求める高野体制にかわって、倒閣を目標とする新体制への転換があげられている（総評四十年史編纂委員会 1993：182）。太田‐岩井体制は政府との対決姿勢を強めていったが、それは多分に政治闘争の意味合いも含んでいた。

総評は、一九五六年には「最低賃金闘争」に加え、「砂川基地拡張反対闘争」、一九五七年には「平和運動＝原水爆禁止運動」、一九五九年には「警職法改定反対闘争」にも積極的にかかわっていた。この背景には、一九五七年に戦犯容疑者という経歴をもつ岸信介を首相とする内閣の発足という出来事があるのは言うまでもない。こうして総評を中心とする労働運動は、戦後最大の社会運動と評価される「六〇年安保闘争」を展開していくことになった。実際、一九五九年の第一二回「総評定期大会」では、①安保条約改定反対、安保条約破棄、②大幅賃上げ、最低賃金の確立、③合理化反対、労働時間短縮、④労働基本権の確立、⑤勤務評定、教育課程改悪反対、といった問題が議論され、運動方針として掲げられたのである（同：228）。

その反面、先に見たように日本の労働組合は、企業労働者を「丸抱え」する「企業別組合」という特徴を有していたが、急速な経済成長にともない、労働者、労働組合、労働運動は変質を余儀なくされるようになった。その大きな要因として、いわゆる「大衆社会論争」の中でさかんに論じられ、多くの注目を集めた前述の「中流階層意識」の一般化、そしていわゆる「新中間層」の出現（社会形態のマス化＝大衆化）があげられる。この点に関して松下圭一は、前述したさまざまな耐久消費財が労働者の家庭に普及していた点に注目し、それを「日本の労働者階級の二重構造」と呼び、以下のように論じた。

労働者階級内部でも、企業規模に対応する賃金格差を中心に労働条件の相違ははなはだしく、組織率も全労働者の三分の一にすぎない。くわうるに、大企業においても社外工・臨時工が急増するとともに、他方ではまた合理化にともなう人員整理が強行されている（松下 1969：255）。

ただし松下は、こうした「二重構造」に関して、企業レベル、あるいは経済の領域のみを対象に批判的に論じていたわけではない。それは以下の主張を見れば明らかである。

全体制的な社会形態条件の変化の急速な戦後的進行によるマス状況の拡散とムラ状況の膨大な遍在という二重構造が、新中間層と旧中間層との分裂、ついで労働者階級内部の階層分化というダイナミックな連関において再生産されていることに帰結される（同：261）。

ここで言う「新中間層」は、むろん「革新国民運動」の中心的な担い手であり、またその支持者であった。新中間層に属する人々は、労働運動に積極的に参加し、前述した革新国民運動の「裾野」を形成していた。ただし概して、当時の日本社会で急激に進行した「マス化＝大衆化」によって「職場‐街頭‐私生活のラディカルな分離」（塩原 1976：393）という特徴が顕著に見られるようになった点は強調されるべきであろう。すなわち、とくに都市の労働者のあいだでは、企業への忠誠心を維持しつつも、以下に示すような諸局面が並列して存在し、使い分けられていたととらえられるからである（高畠 1979，参照）。

①労働者　「企業労働者＝労働組合員」として、職場でさまざまな待遇改善に取り組む。

②「市民」　たとえ労働組合の一員として参加するとしても、安保反対闘争や街頭デモなど革新国民運動に積極的に参加する。

③消費者　私生活では、耐久消費財の購入や利用など経済成長の果実を享受しつつ、生活の安定や向上を期待し、希望する。

こうした社会的背景の中で労働運動は展開されていたわけだが、ここで検討すべきは、やはり国内の政治闘争と労働争議の象徴ともいえる「六〇年安保闘争」と「三井三池闘争」のもつ意義である。実際、労働組合の多くはこれらの闘争に参加するか、あるいは積極的に支援していた。これらの運動を推進し、その中心となっていたのが総評であった。後述する、チッソの労働争議のピークとも言える安定賃金闘争の一方の勢力は、総評系・合化労連（合成化学産業労働組合連合）に属するチッソの労働組合であり、この労働組合は総評の方針や運動に強く影響を受けていた。そこで以下、チッソの労働運動との関連を意識しつつ、これら二つの闘争を順に概観することにしたい。

（3）六〇年安保闘争

総評系組合を中心に「安保改定阻止国民会議」が、一九五九年に発足した。六〇年安保闘争に関しては、そこには「岸首相への嫌悪感に代表される太平洋戦争への心理的な決算と、敗戦から一五年経ての戦後民主主義そのものの確認の儀式」（保阪 1986：10）という側面が存在したのは確かである。同時にこの闘争は、「戦争にたいする平和、軍事同盟にたいする中立、政治反動と軍国主義にたいする民主主義、それに生活破壊にたいする国民生活の擁護の、それぞれのたたかいの結節点」（小野ほか 1980：277）という性質も有していた。

安保闘争は東京、なかでも国会議事堂周辺を中心に活発に繰り広げられていたが、それに呼応して各地方でも運動は展開されていた。熊本県でも、六〇年四月二六日に「県内安保共闘第一五次統一行動、熊本市内で一万人のちょうちんデモ」があり、水俣市の地区集会には総評組合員を中心に一二〇〇人が参加し（上田編 1981：236）、また同年五月のメーデーには四〇〇〇人、五月一五日の安保共闘水俣地区集会には一二〇〇人がそれぞれ参加したことが報告されている（同：237-42）。

安保闘争は六〇年六月に大きな山場を迎えた。四日には、「ゼネスト」が「政治スト」として決行され、この統一行動では、総評を中心に五九単産約四〇〇万人がなんらかの実力行使に参加し、全国六〇七カ所約一〇〇万人が集会やデモに参加した（総評四十年史編纂委員会編 1993：323）。六月一五日には全学連主流派が国会突入をはかり警官隊と衝突し、犠牲者を出すに至った。翌一六日には、計画されていたアイゼンハワー米国大統領の訪日が中止された。一七日には、こうした運動の過激化を憂慮した在京の新聞七社が「暴力を排し、議会主義を守れ」という宣言を出した（七社共同宣言）。この宣言については、安保闘争による社会不安の高まりといった「事態収拾に少なからぬ役割を演じた」という評価がある一方で、当時の新聞社が抱いていた社会の「木鐸意識」が「デモに立ち上がった国民の姿とズレがなかったかどうか」という疑問も提示されている（朝日新聞取材班 1966：98-99）。六月一九日午前〇時、新安保条約は自然成立し、これら一連の政治的かつ社会的混乱の責任をとるという理由で岸内閣は六月二三日に退陣を表明した。

この時期、熊本県でも反安保を掲げたさまざまな運動が展開されていた。ゼネストが行われた六月四日には

「県内安保共闘統一行動。一万四四〇〇人集会、時限スト参加など労働者、学生一〇万人が参加」（上田編 1981：241）したことが報告されている。また、一五〜一八日にかけては、「県安保共闘、各地区各単産二三ヵ所で三万一〇〇〇人が集会、部分・前面スト突入。熊大、熊商大、熊女大生など市内デモ行進のあと自民県連前に夜半まで座り込む」（同：243）といったように、労働組合は学生運動組織などと共闘しつつ、積極的に運動を展開していた。

（4）三井三池争議

安保闘争はこのように熊本県、さらには水俣市の労働運動にも少なからず影響を与えていた。それと並んで、ここで注目したいのが、福岡県大牟田市と熊本県荒尾市を中心に生じた「三井三池争議」である。というのも、一九五九〜六〇年にかけて生じたこの闘争は、戦後日本の労働争議ないしは労働運動を象徴する出来事であると同時に、後述するようにチッソの安定賃金闘争にも大きな影響を及ぼしたからである。また、一九六〇年四月七〜九日に熊本県大牟田市で開催された「総評臨時大会」において「安保と三池の一本化」という方針が打ち出されており（上田編 1981：241）、三井三池争議が六〇年安保闘争と連動して展開され、労使紛争が大規模化したという点からも、注目すべき労働争議・労働運動ととらえられるからである。ただし、そのことが同時に、以下の指摘にもあるように、労働運動の三井三池争議への集中とそれにともなう極端までの「政治化」という事態を招いた点は重要である。

安保闘争が条約の自然成立によって目標を失ってからは、反体制のエネルギーは三池闘争に結集されていく。一方、三池労組の政治的傾斜と大衆闘争の発展に危惧を抱く体制側は、会社を全面的に支援するようになった（ＮＨＫ取材班 1995：138)。

そこでつぎに、チッソの安定賃金闘争を取り巻く当時の社会状況を知る重要な手がかりとして、この争議について概観してみたい。三井三池争議をはじめ、この時期、労働争議が頻発した背景としては、労働者に対する企業支配が一段と進んできたことがあげられる。すなわち、「技術革新→年功的熟練・自立的作業集団の解体→昇給・昇進管理の厳格化→小集団活動による『自発性』の吸引→企業との運命共同体意識の形成→労働管理機構と労働組合組織の融合」（五十嵐 1998：253）という方針が打ち出され、実行に移されていったのである。労働組合は順調に進む経済成長の中で、この方針を受け入れ、従属せざるをえないという側面をもっていた。しかしその一方、労働組合は先に指摘したように、労働者階級に帰属意識をもつ多くの労働者によって構成され、また労働運動に対する期待も強かったことから、そうした企業支配に対し反発を強めるという側面も持ち合わせていた。

このような背景の中で、三井三池争議は展開されていたのである。この争議の直接の原因としては、以下の説明にもあるように、エネルギー（政策）の転換が急速に進んでいたことがあげられる。

「高度経済成長」のエネルギー的基礎を、石油に求めていた独占資本は、「石炭から石油へのエネルギー革命」＝石炭産業斜陽化を唱え、……炭鉱労働者七万五〇〇〇人の首切り「合理化」の方針が立てられ、その中心の攻撃目標に、日本最大の炭鉱で、強固な労働組合運動が展開されている福岡県の三井三池炭鉱をえらんだ（塩田 1982：261–62)。

なお、この争議については、『労働白書』一九六一年版において、次のように記されている。

石炭産業の合理化は（昭和）三五年にはほとんどの大手各社に及んだが、とくに三井三池では、……一二七八名の指名解雇をめぐって労使が激しく対立した。この闘争では一月二五日、会社側がロックアウト、これに対抗して組合側が無期限ストを実施して以来、一一月一日のロックアウトおよびスト解除に至るまで二八二日という長期の作業停止が行なわれ、……労働運動の焦点となった。争議は四度にわたる中労委のあっせんによって漸く解決をみたが、結果は、解職者は全員離職することとなった（労働省労働統計調査部 1961：246，カッコ内引用者）。

三井三池争議を見ると、当時の労働争議の典型的な傾向や出来事が見てとれる。第一は、前述した企業支配が進むことにより、労使間の対立・紛争がきわめて深刻な状況を迎え、度重なる実力行使によって流血事件も数多く生じたことである。したがって、その収拾や解決にあたっては、石田博英労働大臣（当時）をはじめとする政府の介入、そして中労委（中央労働委員会）のあっせんが必要とされた。

第二は、経営陣などによる労働組合の分裂と組合の切り崩しが行われ、その結果、経営者側の方針を受け入れ、既存の組合と対立姿勢をとる「第二組合」が生まれ、それが争議の推移に大きな影響を及ぼしたことである。第二組合による三井三池労組の分裂については、次のように説明されている。

（第一組合と第二組合との）分裂理由を考えるばあい、階層的上昇へのこだわりや管理者と同一の価値の共有というよりも、職制とのしがらみや、「第二（組合）に行けば立ち上がりの資金として二万円やる」といった生活の臭いのする、かなり泥臭い人間関係がはたらいていたものと思われる（平井 2000：188，カッコ内引用者）。

このように労働者にとってまさに身近な要因が働いていたからこそ、経営陣と「第二組合」によって「早期解決、借金は嫌、柔軟闘争に切り替えよ」(同：181）というスローガンが掲げられることになり、それが組合の分裂と争議の収拾に影響したと考えられるのである。

第三は、この争議が、三井三池労働組合の属する三鉱連（それは、三池を含む九州の炭鉱三山と北海道の炭鉱三山から成る）、そしてその上部組織である日本炭鉱労働組合（炭労）や総評が闘争支援や指導を積極的に行い、それらの影響を受けつつ推移し、全国的な争点となった点である。こうして三井三池争議は、当時の労働争議や労働運動を集約する、あるいは象徴する労使紛争として位置づけられるようになった。

3　チッソ安定賃金闘争

(1)　安定賃金闘争の位置づけ

これまで述べてきた政治的かつ社会的背景の中で、水俣という地方都市で深刻な労使紛争、労働争議として一九六二年四月から六三年一月にかけて、チッソ安定賃金闘争（以下、安賃闘争と略す）が生じた（章末の「年表新日窒（チッソ）水俣工場「安賃闘争」の経過」参照）。この争議を含む主要な労働争議に関して、『労働白書』一九六三年版、一九六四年版は次のように要約している。

年間を通じての主要な争議としては、例年どおり春季における賃上げをめぐる一連の争議、夏季および秋季末における一時金をめぐる一連の争議があげられる……。炭労の政策転換をめぐる争議等はかなり激しく行なわれ、海員組合の時間短縮をめぐる争議、長期にわたるストとロックアウトが行なわれついに年内の解決をみなかった新日本窒素水俣工場をめぐる争議などとともに注目された（労働省労働統計調査部 1963：275)。

経済闘争の面では全般的な激化はみられなかったが賃金闘争とならんで時間短縮闘争がとり上げられ、また最低賃金闘争もかなり活発に行なわれる一方、合理化反対闘争もいくつかの分野で展開されたのが特徴であった。……ここの争議についても、新日本窒素水俣工場の争議が解決して以来とくに目立った争議はなかった（同 1964：270）。

これらの記述から、当時深刻な労働争議として水俣の安賃闘争が多くの注目を集めていたことがうかがえる。なお、この争議の直接の争点となった、経営者側が打ち出した「安定賃金」という方針とそれに対するチッソ労働組合の主張は次のように説明されている。

こんどの大争議の背景には石油コンビナート化で経営合理化をはかろうという会社の強い意思が働いている。このためには年中行事みたいなストをやられては困る。そこで他会社なみの賃金を保障するかわりに組合はスト権を放棄してほしい――という問題の〝安定賃金協定〟を打ち出したわけだ。組合側とすれば、最初から伝家の宝刀のスト権を捨てて丸腰になるのは基本的権利をわざわざ捨てるようなもの、あくまでも撤回させるというわけで協定をのむのか、のまないのか双方の力くらべに発展してしまった（『熊本日日新聞』一九六二年八月一二日）。

ここでの指摘にもあるように、安定賃金方式の導入は、当時の労働組合や労働者側にとっては「伝家の宝刀」であるスト権を失うことを意味し、自らの権利を主張するための機会を大きく減少させることに直結することから、きわめて重要な意味をもっていた。したがってチッソ労働組合も、強硬な姿勢をとらざるをえなくなり、会社側と全面対決することになった。この争議は、『熊本日日新聞』、『西日本新聞』そして全国紙の場合にはとくに九州地域を対象とする紙面によってたびたび大きく報道された。しかし、それとは対照的に、水俣病事件に関する報道は減少していったのである。

(2) 一九五〇年代のチッソ労働組合

ここではまずこの安賃闘争の前史として、チッソ労働組合、労働運動の流れを簡単に述べてみる(1)。

チッソの労働組合は、発足当初から前述したような日本のほかの企業の組合と同様の特徴、すなわち「戦後復興の中、当時(一九四六年)の日本窒素は、ホワイトカラー中心となって従業員丸ごとの労働組合を組織する」(花田 2009: 56)という特徴をもっていた。これは先に述べた、企業による労働組合の「丸抱え」という形態にほかならない。こうした企業別組合という特徴に関しては、むろん日本企業が有する「終身雇用」、「年功賃金(序列)」という二つの特徴をあわせて考える必要があるのは言うまでもない。チッソの労働組合もその例外ではなく、したがって「この組合は労使対立型労働運動」として出発したというよりは、「戦後復興の中で日窒復興と労働条件改善を重ね合わせた企業内労組協調組織」(同)という性質を色濃くもっていた。

つぎに、チッソ労働組合が一九五〇年代に展開していた運動に関して、おもに『新水俣市史(下)』によりながら概観してみる(水俣市史編さん委員会 1991)。チッソ水俣工場では、終戦直後に労働組合が結成された。一九五〇年前後の労働不況の時代、チッソ水俣工場でも人員整理が進められ、五〇年にはレッドパージも行われた。それを受けて組合側は団体交渉に入ったが、それは決裂することになった。その後、チッソ水俣労組はスト権を確立し、実力闘争に入った。しかし、組合からの脱退者が続出し、「第二組合」が結成されるに至った。そして、レッドパージを容認する第二組合が従業員からの圧倒的な支持を集め、争議はいったん終息した。五一年になると、チッソ水俣労組は、化学工業関係組合の全国的な組織である合化労連に加盟し、そこでは最も強力な組合として中核的な位置を占めるようになった。五三年になると、賃上げ要求、社員・工員制の撤廃、定年の引き上げ等を要求して団体交渉を行ったが、結局は決裂した。その結果、チッソ水俣労組は時限ストを繰り返すこととなり、最後には無期限ストに突入し、スト開始二七日後にこの争議はようやく解決した。五五年の統計を見ると、水俣市の労働組合員数は総計で四八九〇人であったが、そのうちチッソ水俣労組員数は三六四一人をしめ、水俣という地域社会においてこの組合は圧倒的な勢力を誇っていた。

ちなみに、一九五〇年代半ばからチッソ水俣工場の人員縮小が進み、就業機会が減少した。それにより他地域への人口流出が進み、水俣市の人口は減少するようになった。その後、全国的に経済が好況を迎えたこともあり、水俣以外への就職は一段と増加するようになった。

こうして見ると、チッソの労働組合も何度か対立や分裂、そして合併などを繰り返してきたことがわかる。しかし、そうした状況下でも、やはり多くの労働者は「チッソの労働者」として、すなわちチッソという企業の枠内にとどまっていた。そのことが、後述するようにチッソという会社に強い帰属意識をもたせ、水俣病患者に対する関心を低下させてしまったととらえられる。

チッソ労働組合はたしかに、「丸抱え」の企業別組合であったが、その中でチッソの労働者は、先の松下も指摘したような労働者階級内部の二重構造という状況下でさまざまな対立や紛争を経験してきたという見方もできる。とくに、以下のように要約される「身分撤廃闘争」はその象徴的な出来事であった。

この組合（新日窒水俣工場労組）の本格的な争議は一九五三年の身分撤廃闘争であった。この時五三日間のストライキを敢行している。……工員は、賃金の安さだけでなく、日給制であり、退職年齢も異なり、労働者たちはこの身分制に対して強烈な反発をもっていた。争議の結果、身分呼称の廃止、退職年齢の統一や月給制への移行が勝ち取られた。ただしこれらの完全実施は一九五八年であり、かつ工員に対する差別意識は長く残った（熊本学園大学水俣学研究センター 2009：45，カッコ内引用者）。

この指摘にもあるように、チッソでは経営陣や管理職、そして技術者を中心とする「社員」と、主として地元で採用された「工員」という、まさに二重構造が存在していた。そして、労働災害や職業病も「工員」層に集中して生じていた。ところがチッソ水俣労組は、前述したように「ホワイトカラー」が中心となって従業員丸ごとの労働組合を組織する」という形態をとっていたため、これらの問題に正面から取り組むことはほとんどなかった。後に、水俣病患者との連帯や共闘の中心人物となった組合員のひとりは、労働者としての意識、そして労働組合運動が未成熟な段階にとどまっていたことが結果的に水俣病（患者）に対する理解や支援を遅らせたと考え、以下のような見解を示している。

水俣病の教訓として、工場内の労働災害、職業病に対して労働者が十分に闘っていたならば、水俣病を起こさないで済んだし、また被害を最小限に止めることができたかもしれません。私たちは、労働災害や職業病を、初期の段階で十分に闘わないで、被害者である患者に敵対していた。自分たちがよければいいということで、自分たち労働者の賃上げとか労働条件の向上の闘いに終始し、むしろ会社側に味方するといった恥ずべき行為を行ってきた（山下 2004：82–83）。

（3）労働争議の深刻化

チッソ水俣工場は水俣市民に対して多くの就労機会を提供し、またチッソ労組も水俣市内では一大勢力を誇っていた。六〇年代になってもチッソ労組は、六〇年四月に「新日窒水俣労組二六六六人、三時間一〇分の全面スト」（五日）、「全面二四時間スト」（一一日）を行うなど、たびたびストライキを決行し、活発に運動を展開していた（上田編 1981：229-31）その主たる目標としては、前述した安保反対が掲げられており、労働組合員はこの種の政治集会にも積極的に参加していた。

こうした傾向は、安保闘争の鎮静化後も継続していたが、一九六二年二月、新日本窒素労組は、賃上げ、初任給引き上げ等を要求し、スト権を確立し、三月になって団体交渉を行った。その後、三月から五月にかけて波状的にストライキが行われた。その中で、四月一七日にチッソの経営者側は突如として「安定賃金回答」を行った。こうした回答を行った企業側の事情は次のように説明されている。

> 三二年（一九五七年）以降、化学工業（有機合成化学）は、石油化学工業の成立発達によって、従来の他の化学工業部門を圧倒するほどの高度成長を遂げたものである。……新しい技術、新しい製品の出現によって、新・旧事業分野の交代が急テンポで進み、大きな変化を見せつつあった。……昭和三四年（一九五九年）ごろには、いよいよ本格化してきた貿易の自由化は、日本の企業としての新規事業等のための設備の新設、増設の断行による企業規模の拡大、企業合理化、生産向上へとかり立てていった。このような時期に新日窒は従来の有利な条件となっていた自家発電を利用したカーバイト工業から、石油化学工業への転換が他社と比べて遅れていたことも、安賃争議の要素の一つともいえる。」（水俣市史編さん委員会 1991：515）。

ここでの指摘にもあるように、会社側は急激に進む産業構造の転換や新規事業への切り替え、それに対応したチッソという企業の体質改善の必要性を強く感じていた。こうした背景の中で、会社側は「安定賃金回答」を示したのである。その主な内容は、以下の通りである（同：520-24）。

・賃金引き上げ　一人当たりの平均増加額、昭和三七年度、別に定める同業各社（東圧、日東、日産、東亜、宇部、住友、三井の七社）の平均妥結額より五〇〇円減じた額。昭和三八年度、同上妥結額に五〇〇円を加算した額。昭和三九年度、同じく一〇〇〇円を加算した額。昭和四〇年度、昭和三九年度に同じ。

・合理化に関する協定　組合は企業の合理化に協力するものとし、会社はこれがための人員整理は行わない。会社は組合員の転勤、転出に当たっては、賃金そのほかの労働条件を異動前に比べ、不利にならないよう配慮する。

・会社側の基本的な考え方（一）　十分な賃上げが保証されるかぎり、組合にとって春闘時のストライキは必要ないはずである。

・会社側の基本的な考え方（二）　安定賃金の回答を条件に、他社に例を見ない経営権の放棄ともいうべき〝合理化のための人員整理は行わない〟ことを約束しているのは、安定賃金協定を組合に求めた真意を具体的に示したものである。

この回答に見られるように、チッソの経営者側は組合に対し合理化による人員整理を行わないことを約束し、それと引き換えに同業他社の賃金を参考にしながら賃金を決定することを提案し、同時に春闘ストライキを実施しないことを求めた。労働組合は、むろん会社側のこれらの提案を拒否した。その後、合化労連などの支援もあり、争議は長期化していくことになった。その際、労働組合は次のような見解を表明した。

四月一六日までは、いままでの慣行にしたがって、団交を続けてきましたが、会社から四月一七日になって、突如として安定賃金方式なるものの回答があり、組合はその内容を検討した結果、安定賃金は合理化のための組織破壊を狙ったものであるとその本質を見抜き、これを拒否する態度を決定、ストを続けながら会社にこの回答の撤回と同業他社なみの回答を求めました（合化労連新日窒水俣労働組合 1962：4）。

チッソ組合側は、安定賃金方式の提案を組合組織の破壊を目的とするものと判断し、強硬な対決姿勢を崩すことはなかった。その後、労使双方の主張は平行線のままだったことから、こうした状況を打開するために労組側は五月に中労委にあっせんを依頼した。しかし、あっせんは不調に終わり、六月になって中労委は「あっせん打ち切り声明」を発表した。七月になると、組合は断続的に九六時間ストを行ったこともあり、労使関係は一段と険悪になった。その結果、七月二三日会社側はロックアウトを行うに至った。その結果、翌二四日には、組合運動に対して批判的態度をとっていた労働者は、経営者側の後押しもあり、新労働組合（第二組合＝新労）を再度結成することになった。

前述したように、チッソという企業、そしてチッソの労働者や労働組合は、水俣という地域社会にとって、まさに核となる存在であった。したがって、安賃闘争の深刻化と「経営者」対「労働組合」、さらには「経営者・新労組」対「旧労組」という対立は、この地域社会に深刻な影響をもたらした。水俣が二分され、その中間に位置する地域住民にしても、さまざまなかたちでこの争議に巻き込まれることになったのである。

（4）ロックアウト期間の新聞報道

チッソ水俣工場のロックアウトは、後述するように一九六三年一月二二日まで長期間続いた。ここでは、この期間の労働争議の動向に関して、おもに新聞の報道や解説、そして論評によりながら検討してみる。経営側によ る工場のロックアウトが開始され、労組側が無期限ストに突入した前年（一九六二年）七月二三日の報道の見出しとリード記事などは以下の通りである。

ロックアウト通告、組合側全面ストで対抗、新日窒水俣。「新日窒水俣工場（北川勤哉工場長）がついにロックアウトに入った。同工場労組（組合員三千四百人）は安定賃金協定を拒否して闘争中だったが会社側は二十三日午後四時半組合側にロックアウトを通告、同六時半実施に入った。（写真）ロックアウトを宣言した新日窒水俣工場正門の掲示板（『熊本日日新聞』一九六二年七月二四日）。

その際の報道の重点は、経営者対労働組合という図式に加え、以下の見出しとリード記事などに見られるように、新たな紛争の要因となった新旧労組の対立にも置かれていた。

激突する新日窒水俣労組、工場とりまくピケ隊、新労組の就労はばむ。会社側も強硬な態度。春闘の解決もみぬまま四月十七日から安定賃金協定問題をめぐり労使双方が完全な並行線をたどり四ヶ月余の紛争を続けている新日窒水俣工場では二十三日会社側がロックアウトしたため組合側はただちに工場正門前をはじめ市内に拠点、支点を設けたピケを張り、さきにできた組合執行部に対する批判グループ民主研究会、係長主任団などで作った新労組の就労を徹夜で警戒した。（写真）工場正門前の組合員のピケ（『熊本日日新聞』一九六二年七月二四日、夕刊）。

やはり『熊本日日新聞』の七月二四日の夕刊の記事では、労働争議に関する市民の表情に関しても報じられている。それは、「新日窒でもっている町だけに商店街はとくに複雑な表情。〝第二組合がまだまだ少数なのにロックアウトはすこし早すぎたのではないか〟という市民もおり、〝はては第二の三池争議にもなりかねない〟と心配顔だった」というものである。この記事では、「新日窒でもっている町」に住む水俣の人々にとって、この紛争が深刻な地域問題として受け止められていることが強調されている。この記事にある「第二の三井三池争議」という住民の心配は、その後しだいに現実味を帯びるようになってきた。たとえば、旧労組に対する合化労連など総評系組合の支援の様子については、「三池オルグ水俣へ、六百人、緊迫する新日窒争議。（写真）新労組員とこぜりあいする炭労オルグ」（『西日本新聞』七月二八日）と報じられている。

このように安賃闘争は、しだいに三井三池争議とも連動するようになる。八月に入っても、この労働争議は連日新聞紙面で報じられているが、中労委が地労委（地方労働委員会）にあっせんの権限を委譲したこともあり、解決への期待を盛り込む記事も見られるようになった。たとえば、「『流血避けよ』の声高まる。新日窒水俣争議新局面へ、平和解決盛り上げ、地労委の努力に期待」（『西日本新聞』八月九日）という記事がそれにあたる。しかし、依然として新旧労組の対立は続き、その中で新労組が強行就労を行い、工場生産の再開を八月一一日に行った。その結果、両労組のあいだの対立はいっそう深刻化し、翌一二日は乱闘事件が生じた。その前後の新旧労組の対立の模様も、以下に見るように多くの記事で報じられた。

・新日窒水俣工場、争議を現地に見る、三池ばりの会戦模様、ヤマ近し？　新労の強行就労（『朝日新聞』八月一〇日）
・新日窒水俣強行就労、新労ピケを突破、四百人旧労の不意をつく（『熊本日日新聞』八月一一日）
・流血ストに市民の怒り、暴力は許せない、新日窒水俣。憎しみ捨て規律を。主婦たちも武装姿で、家族ぐる

みの決起大会。長期戦で勝てる、太田議長見通し語る（『熊本日日新聞』八月一三日）

その後、地労委のあっせんも不調に終わり、ロックアウトも一カ月を迎え、地域住民のみならずマス・メディアも争議の長期化に対する危機感を高めるようになった。それにともない、この争議に対する批判的論調の記事が数多く掲載されるようになった。

・争議がいやになった、会社に辞表、自衛隊に。新日窒水俣工場の従業員（『毎日新聞』八月二一日）
・お先真っ暗、新日窒争議。ロックアウト一ヶ月、〝じっくり長期戦〟旧労、小康保つ〝仮処分待ち〟。いや気さす市民たち（『熊本日日新聞』八月二二日）
・ドロ沼闘争の様相、ロックアウト一ヶ月、水俣新日窒。〝早く解決して〟強まる町の声（『西日本新聞』八月二二日）

八月下旬、新労は「安定賃金方式」を認める方針を打ち出し、八月二七日には熊本地裁が業務妨害排除の仮処分を決定した。しかし、旧労はそれに対し異議を申請するなどして抵抗し、新労によって何度か試みられた強制就労は失敗に終わった。その後新労は、九月一一日に会社に対し、①安定賃金のもとに他社なみ以上の賃金を獲得する、②身分制の撤廃を実現する、③完全雇用の達成、などを内容とする要求を提出した。そして、九月一七日には、以下に示すような「労使共同宣言」を発表するに至った（新日本窒素水俣工場新労働組合 1963：47）。

われわれは、……国民経済における企業の社会的使命を強く心に刻み、労使相たずさえて今日の難局を乗り切るため、ここに次の通り宣言する。

一・会社と組合は相互信頼の基礎の上に立って、あらゆる問題を平和的話合いによって解決する立場を堅持し、円満な労使関係の確立を期する。

二・会社は近代的労務管理の確立をめざし、円満な労使関係の確立を期する。

三・組合は斗争主義を排し、生活性向上と企業の合理化に協力する。


この宣言の後、新労は安定賃金協定に調印し、会社側は本格生産を再開しようとした。しかし、やはり旧労のピケ隊に阻まれ、争議はさらに長期化していった。この間も、「会社経営側・新労」対「旧労」という対立は続き、それに対する外部からの、とくに社会党や総評、なかでも総評の傘下にある合化労連からの支援や働きかけも活発になっていった。[2] 新聞もそれらの問題や出来事に関してさかんに報道していた。以下に掲げた記事の見出しなどはその一端である。

・社党対策委を設置、新日窒争議、成田局長水俣入り。（写真）工場正門前のピケ隊を激励する成田組織局長（『熊本日日新聞』九月一七日）
・旧労、市内をデモ行進、新日窒争議、新労入構で緊迫も。（写真）各単産旗を先頭に市中デモの工場労組（『熊本日日新聞』九月二六日）
・入構であわや衝突、新日窒争議、警官二百人が出動（『熊本日日新聞』九月二〇日）
・岩井事務局長、秋闘の方針語る「水俣の争議の見通しは明るい。今後も資金カンパ、大衆運動を続けて勝ち抜く」（『熊本日日新聞』一〇月三日）

・水俣おおう黒い雲、一〇〇日越した新日窒争議。〝団結〟堅い工場労組、新労・会社は組織崩壊待つ。（写真）ピケ小屋は冬ごもり態勢（『毎日新聞』一一月五日）

また、この時期の報道の特徴としては、この争議が水俣という地域社会に深刻な影響を及ぼし、それゆえに地域住民のあいだから生じてきた紛争解決を望む声を積極的にとりあげていたことがあげられる。そのいくつかを以下に掲げる。

・ストの中の水俣商店街、売り上げ二〜三割減。衣料、電器店など、不渡り手形ふえる（『熊本日日新聞』九月一四日）
・（社説）水俣に不幸が来ている、県民として迷惑、不幸はだれが背負う（『熊本日日新聞』九月二六日）
・婦女子を巻き込むな、水俣争議人権問題、法務局が本格調査（『西日本新聞』九月二六日）
・板ばさみになった商店街、新日窒争議。二つの労組から圧力？　苦肉の策〝中立商店〟結成（『西日本新聞』一〇月四日）
・水俣商議所、なり手がない会頭、争議で商店二派板バサミ（『朝日新聞』一一月八日）

これらの記事の見出しなどに見られるように、チッソ水俣工場という、水俣最大の企業の生産活動が停滞し、地域経済に深刻な打撃を与えたことに加え、この争議によって地域社会が二分されたことが大きく報じられていた。これらの報道は、水俣市民の「厭戦」気分の広がりと高まりに寄与したと言える。それに関連して、「この争議で最も直接的な打撃を受けたのは新日窒関連産業と、下請工場」であり、「水俣市内の商店街はストの影響で商店の浮き沈みが激しくなってきた」（水俣市史編さん委員会 1991：560-61）という経済面での深刻な影響が、この争議によって地域社会にもたらされた点もきわめて重要である。

こうした世論の動きを受け、地労委は一一月から一二月にかけて積極的なあっせん工作に乗り出した。その結果、一九六三年一月一三日に旧労組側が、そして同二一日に会社側があっせん案を受諾し、二月一日に第一次就労が行われ、この争議は一応の解決をみた。両者が受諾したあっせん案の骨子は次の通りである（『西日本新聞』一月二二日）。

①長期賃金協定は、三七年度ひとり平均増加額二六〇〇円、三八年度は同業八社の妥結額に五〇〇円を加算した額、三九年度は熊本地労委の仲裁で労使が協議する。という三年間の安定賃金を組合側が認めること。
②会社側は希望退職などの方法で過剰人員を整理する。
③組合側は指導者二人（長野新日窒労連委員長、江口旧労委員長）が自発的に退職する。
④あっせん案を受諾した日を含め向こう五日間を争議体制解除期間とし、それぞれ争議施設を旧に復する。この期間、会社は賃金を補償しない。

三年間の期限つきとはいえ安定賃金方式が導入されたことに象徴されるように、この争議は会社側の主張に近いかたちで決着が図られた。しかし、ここで注目すべきは、そうした争議の解決の内容よりも、争議が解決されたことそれ自体に、そしてそのニュースを聞いた地域住民の反応に焦点をあてる報道が数多く見られた点である。この時期の安賃闘争の収拾期の新聞報道の概要は次の通りである。

・（記者座談会）水俣争議の解雇と問題点、殆どなかった〝流血〟、労使生産点で対決。解決でわく地元、ねばった会社側、労使とも高い授業料、新労と旧労との違い。人員整理に問題残る、真の平和はこれから。市や商店街の影響（『熊本日日新聞』一月二二日）

・水俣争議解決を喜ぶ県民。シコリを残さずに、なごやかさ取りもどせ。会社損害は十億円、新日窒、労組も五億円失う。延べ五万六千人動員、県警、水俣争議の警備白書（『西日本新聞』一月二二日）

・ほっとした水俣市、みんな手放しの喜び、争議解決、明るい笑顔とりもどす。（写真）半年ぶり握手（『西日本新聞』一月二二日）

・黙々と元の職場へ、水俣工場労組員、激励にも堅い表情。（写真）第一次就労で入構、作業現場に入る工場労組員（『熊本日日新聞』二月二日）

安賃闘争という労働争議をめぐっては、各紙ともそれに高いニュース・バリューを認め、じつに積極的に報道を行った。その報道は、「経営者・新労」、あるいは「旧労」のいずれか一方の主張を支持したり、加担するものではなかった。しかし、この争議が水俣という地域社会を大混乱に陥れ、地域社会の不安を増大させ、さらには二分させたという報道姿勢は一貫して採用されていた。実際、そうした視点からの記事や解説、そして論評が数多く掲載された。それはまた、争議の終結が平穏な地域社会を呼び戻すという側面を中心とする報道姿勢へと接続されていった。争議の終結によって地域住民が安堵の表情を見せていた点が強調され、その種の報道が数多くなされていたという事実は、新聞各紙のこの種の見解を示すものであった。

こうした報道姿勢が、労働組合の主張、そして労働運動に対する否定的なイメージに結びついても何の不思議もない。それによって、経営者側の強引とも言える安定賃金の方針の問題性はしだいに後景に退いていった。それに代わって、争議を長期化させ、地域社会の不安を増大させる労働組合、そして労働運動という評価が、明示的ないしは黙示的に新聞報道の中に盛り込まれるようになった。その傾向は、結果的には強硬姿勢をとり続ける旧労の労働方針に対する批判を強化させ、会社経営側の主張を後押しし、安定賃金制度の導入に寄与したことになったととらえられるのである[3]。

(5) 労組、患者との共闘へ――「恥宣言」

水俣市史編さん委員会は、「(昭和)三七年三月二八日、安定賃金制をめぐって争議に突入して以来、翌三八年一月二二日の安賃争議妥結協定調印、そして続いた人員整理問題の決着で、実に四年ぶりの平和を取り戻したといえる」(水俣市史編さん委員会 1991: 620) という言葉で、「チッソ争議(水俣工場の安賃闘争)」に関する説明を終えている。この「平和を取り戻した」という理解は、上述の新聞報道と同様である。ところがその後、以下の発言に見られるように、旧労に対する職場での差別が進み、事態は別の段階に入り、労働者の問題は深刻化していったのである。

> 闘争が終わり、……組合活動家については工場外に出すということで、八幡プールの埋立地のところで、カーバイドの残渣などを車に積んだり、清掃作業をしたり、その他の作業をさせられました。その後、高熱と劣悪な労働条件のところでカーバイドを製造するところに行かされたりしました (山下 2004: 77)。

ここで注目すべきは、職場で差別的な待遇をうけ、劣悪な労働環境に置かれた労働者の意識が、水俣病事件とその患者に対する関心、さらには支援へと向かっていったことである。それを経験した旧労の組合員のひとりは次のように批判的に当時を回想している。

> 闘争終結後、一年ぶりに与えられた仕事は、下水道工事であり、機器のスケール落しであり、草むしりや便所の掃除やら、お茶わかしの仕事だった。……会社を憎み、抵抗し、がむしゃらにたたかっていながら、身体の中にはチッソという企業のシミが残っていたのである。それに気づきはじめたのは、五ヵ年合理化計画が発表された（昭和）四二年ごろからであり、やがて俺たちは〝捨てられる〟ということを、そのころから実感として受けとめはじめた。……労働者が公害闘争に立ち上がるには、先ずどうしても組織を乗り越える必要がある。それがないかぎり、そのたたかいには限界がくるだろう（松崎 1970：8-9，傍点引用者）。

また、別の旧労の組合員は、後に労働組合が水俣病の問題に取り組めなかった理由を次のようにまとめている

（合化労連新日窒労組教宣部 1973：408）。

> ①患者の身になって考えなかった。
> ②漁民の実力行使の現象だけみて本質を見抜けなかった。
> ③補償を多くとられると、自分達が困る、として自分さえよければの考えがあった。

このような労働者の意識の変化は、しだいに水俣病患者との連帯を促すようになった。一九六八年一月に「水俣病対策市民会議」が発足すると、組合員の中にはこの組織の会員になる者も現れるようになった。同年八月には、チッソが有機水銀母液を韓国に輸出しようとした際、労働組合は厳重に抗議し、その計画は中止されること

になった。八月三〇日には、旧労は水俣病を直視し、この事件に関与してこなかった自らの姿勢を率直に反省する「恥宣言」を公表した。それは、「水俣病に対し、労働者として何もしてこなかったことを恥とし、水俣病と闘う！」というものであった。この宣言の基盤には、以下に示すような労働者たちの強い思いと信念が存在していた。

組合からも、市からも、そして国家そのものから見捨てられ、生活に困り、魚網を売り、田畑を売って、水銀におかされて、自由に動けない身体を引きずり、歯ぎしりをしながらもなお、資本にたいし、権力にたいして執念ぶかくたたかいを挑む水俣病患者、家族の人たちから労働者たちが何を学びとるのか。……資本のあらゆる妨害や嫌がらせを突き抜けて、水俣の労働者として、人間の名にかけたたたかいを続行しなければならない（松崎 1970: 9–10）。

水俣病の公式発見（一九五五年）から一三年たって、チッソの労働運動は水俣病と正面から向き合い、反公害運動の路線を打ち出すようになった。実際、旧労は一九七〇年五月二七日には「加害企業の労働者としては初めての八時間の『公害スト』を決行し、会社に反省を求め（る）」（山下 2004: 82）といった運動も行っている。こうして旧労の組合員と水俣病患者との連帯は、「公害スト」という言葉に象徴されるように、労働運動を超えて展開していくことになった。

4　安賃闘争と水俣病報道の停滞

（1）労働運動と労働組合の公害闘争

つぎに、これまで論じてきた諸点を参照しながら、安賃闘争の展開と水俣病事件の報道の停滞とを関連づけながら、いくつかの観点から考察を加えることにしたい。

本章で検討してきた安賃闘争は、労働組合と労働者が経営者側と真っ向から対立し、最終的には多くの成果は得られなかったものの、日本の労働運動史上特筆すべき運動として語られてきた。しかしながら、同時に以下のような厳しい見方も存在していた。それは、「水俣で典型的に見られますように、（公害の）被害者に対して苛酷なのは多くの場合、会社よりも労働組合であります」（宇井 1971: 115, カッコ内・傍点引用者）というものである。この指摘、そして上述のチッソ労働組合員の「告白」にもあるように、チッソ労働組合が被害者である漁民や患者と敵対していた時代は長く続いていた。その点では、チッソの労働組合によって展開された労働運動にしても日本型労働運動の枠を超えたものではなかった。

さらに言うならば、水俣病というきわめて深刻な公害事件が表面化し、地域社会に新たに要素が加わったにもかかわらず、安賃闘争の展開に見られたように、チッソの労働運動そして労使紛争は、この事件の影響をほとんど受けなかった。それどころか、水俣病事件に関しては経営者側と「共闘」していたという見方もできる。チッソの労働組合は、たしかに経営者側と厳しい対立姿勢をとり、労働待遇の改善という方針を前面に掲げ、激しい闘争を繰り広げた。しかしその一方で、水俣という地域社会にもたらしつつあった深刻な被害に対しては会社側と共同歩調をとり、患者を抑圧し、排除していた。チッソ労働組合や組合員にとって、水俣病事件というのはその視野の外にあったというよりは、会社とともに水俣病の加害者とも言うべき立場をとり続け、この問題に関するチッソの責任を積極的に否定する姿勢を見せていたと言える。

実際、工場の操業停止に関する熊本県議会の審議では、水俣市選出で新日窒労組に席を置いていた社会党の長野春利議員は工場排水と水俣病の因果関係が不明確であることを根拠に、操業停止に対して反対意見を述べていた。また、「（いわゆる漁民騒動が生じた後の一九五九年一一月）四日からこんどは従業員の漁民糾弾が始まります。五日は労働組合が漁民の非難決議をします。そして六日にはこんどは水俣地区労がほとんど同じ内容の決議文を発表します」（宇井 1971: 114，カッコ内引用者）というように、労働組合は水俣病の患者のみならず、当事件の被害者である漁民に対しても、まさに「苛酷」な姿勢をとり続けていたのであった。

公害問題に対する労働組合のこうした消極的、さらには否定的な姿勢は、必ずしもチッソ労働組合に限られていたわけではなかった。実際、一九七〇年に発行された『公害と労働運動』を見ると次のような記述がある。

労働組合が公害問題に立ち遅れているということは、いまや一般的常識になっている。数年前までは、日本の労働組合は賃金闘争が主になり、職業病とか労働災害にたいする取組みが非常に弱かった。ところが、社会保障討論集会をつみかさねるなかで職業病、労災問題について下からの突き上げでたたかわざるを得なくなってきた。しかし、公害問題となるとまだまだ立ち遅れているというのが実情だと思う（川上 1970: 27）。

この指摘にもあるように、日本の労働組合は、対経営陣という点では企業内の労働条件の改善を主たる闘争目標としていた。そのため、公害の被害者や地域社会との連携に対する関心は低水準のまま推移していた。実際、日本の労働組合の中核に位置していた総評にしても、自らの運動の歴史を振り返るなかで、「公害の防止が総評の運動方針に登場するのは一九六七年から」であり、「総評の活動は反公害の運動に集中して行われ、国民的関心事にたいして組織を上げての活動となった」のは一九七〇年の総評大会以降であったと自ら述べている（総評四十年史編纂委員会編 1993：496-97）。このように、日本の労働運動自体の公害問題に対する関心が高まるのは六〇年代後半以降、あるいは七〇年代になってからであった。

（2）「恥宣言」の背景

前掲の「身体の中にはチッソという企業のシミが残っていた」という言葉、そして先に言及した工場排水と水俣病の因果関係が不明確であることを根拠としたチッソ労組出身の長野議員の発言に象徴されるように、たとえ安賃闘争に参加した組合員にしても、当時は「企業一家」主義から逃れることは困難であり、水俣病事件をはじめとする公害問題に対する関心も低いままであった。この労働運動が水俣病に正面から向き合うためには、自らが属する企業、すなわちチッソという企業をまずは批判し、さらには否定する必要があった。次の言葉は、そのことを集約するものである。

労働組合が、その企業とふっ切れた地点に、自立の思想を構築していくとき、公害闘争の展望がひらけてくるのではなかろうか（松崎 1970：8）。

こうした見解にたどり着いた組合員の中から、前掲の「恥宣言」が生まれたのである。ただし、漁民や患者と連携するようになった組合員の多くが、「丸抱え」あるいは「企業一家」主義の中で周辺に追いやられ、排除されていた旧労の組合員であったことは、やはり強調されるべきであろう（合化労連新日窒労組教宣部 1973；松崎

1970; 山下 2004, 参照)。この点を考慮するならば、いくつかの日本の公害問題を事例にあげながら、当時の労働組合（員）の置かれた状況を説明する次の指摘はかなりの説得力をもつ。

（患者である：引用者）彼ら（および彼らを支援する他の組合員）を排斥しなければ組織の自己同一性が保てないというのは、組合最大の皮肉である。……だがもっと問題なのは、そのような患者自身が公害の犠牲者であること、すなわちすでに排除された存在であることを積極的に隠し（受け入れ）、かろうじて組織のさらに遠い周辺に包摂してもらわなければ生きられないという厳しい現実である（間庭 1990：114–15)。

労働運動、そして労働組合が水俣という地域で公害闘争に関与しなかったという問題については、当時漁民や水俣病患者の置かれていた状況もあわせて考慮する必要があろう。一九五九年一一月の漁民騒動に対する批判的な見方、そして同年一二月の「見舞金契約」を水俣病の「解決」と見なすような、水俣という地域の社会的風潮、さらには社会構造が存在していたのである（第5章)。すなわち、この「解決」によって水俣病の存在を再度潜在化させる力がこの地域社会には存在し、以下に示すように、被害者もある部分そうした力に従わざるをえなかったというわけである。

水俣市民は（チッソの雇用力、チッソが設立した生活協同組合「水光社」、チッソ付属総合病院、チッソが発足させた文化同好会「尚和会」を通して）あらゆる層が、チッソの直接的間接的支配のもとにおかれていた。……水俣病の被害者は、水俣病の問題でチッソの責任を問う行動をおこす前に……チッソに従属する水俣地域の拘束からの脱出をはからなければならなかった（飯島 1984：179)。

日本社会では、「企業城下町」という言葉はふつうに用いられている。水俣もむろんその例外ではない。それどころか、「企業城下町」の代表的事例であり続けてきた。この言葉には、ひとつの企業に対する地域経済依存度の高さという意味が込められているが、当然それにとどまらない。上記の指摘は経済的側面のみならず地域住民の日常生活、さらには地域住民の意識そのものがチッソという企業の支配に組み込まれていることを示している。逆から見れば、地域住民の日常生活、そしてそれを支える地域住民の意識が、地域社会の支配構造を再生産しているのである。水俣病事件の直接の被害者である患者とその家族、この事件によって漁業被害をこうむった漁民たち、そしてチッソの労働組合員は、こうした水俣という地域社会の構造、さらにはそれを包含する日本の社会構造の中で、生活し、労働運動や住民運動を展開しなければならなかったのである。

(3) 報道停滞期

これまで述べてきたように、旧労を中心とするチッソの労働運動が、患者と連携し、反公害運動組織としての色彩を強めたことは新聞によっても大きく報道された。

・満場に怒り盛り上がる。痛ましい姿に静まり返る会場。自治労全国大会、水俣病の子らの訴え(『熊本日日新聞』一九六八年八月二八日)

・薄らぐ〝タブー意識〟、水俣病。市民の関心も高まる。対策市民会議、機関紙通じて訴え。患者の家庭を支援、新日窒労組(『朝日新聞』一九六八年三月三一日)

・水銀廃液、韓国へ輸出計画、チッソ水俣工場。百トンをもてあまして。直前、労組の抗議で中止(『朝日新聞』一九六八年九月二日)

・県総評、水俣病患者を支援、来月の大会で決議へ（『熊本日日新聞』一九六八年九月三日）

こうした報道が、水俣という地域社会において反チッソ、反公害という世論を高め、水俣病患者に対する労働運動の支援を強める方向に作用したことは想像にかたくない。しかし、ここで問題にしたいのは、これまで再三指摘してきた、一九六二年四月から六三年一月に激化した安定賃金闘争が繰り広げられた当時の「報道停滞期」である。この間、水俣病に関する報道が全くなかったわけではない。『熊本日日新聞』を中心に水俣病の歴史にとっては重要な出来事が、いくつか報道されているのである。

・水俣病と認定か、診査協議会、脳性マヒの一五人（『熊本日日新聞』一九六二年一〇月七日）
・胎児にも水俣病、松本熊大助教授、近く解剖結果発表（『熊本日日新聞』一九六二年一一月二〇日）
・波紋投げる「胎児性水俣病」再び社会問題に、二九日に注目の最終診査（『熊本日日新聞』一九六二年一一月二六日）
・〝成人水俣病と同じ〟水俣の脳性小児マヒ、〝有機水銀が移行〟、熊大松本助教授が発表、母体通じて胎児に、早くも補償金期待？（『西日本新聞』一九六二年一一月二六日）
・注目される補償問題、水俣病、脳性小児マヒにも（『毎日新聞』一九六二年一一月二七日）
・（特集）水俣病、悲劇はまだ終わっていない、原因究明にまる三年、救済措置なく、社会不安広がる、胎児も病魔の犠牲、絶望的な患者、漁民（『熊本日日新聞』一九六二年一二月八日）

しかし、これらの報道量は労働争議のそれと比べると著しく少ない。すでに述べたように（第5章）、一九五九年一二月の「見舞金契約」によって、この事件はいったん「終結」したというイメージが、水俣という地域社会、熊本県内、そして日本社会に流布し、また労働者のあいだに階級意識が残存し、労働組合がその受け皿となっていたことにより、水俣という一地方都市で生じた社会問題が、安賃闘争へと絞り込まれていったというのが実情であろう。こうした風潮の中で、日本の新聞ジャーナリズムは、当時労使紛争が社会紛争の中心的位置を占め、また公害問題が全国的にそれほど顕在化していなかったこともあり、安賃闘争へと傾斜していき、この時期の水俣病報道が停滞していくことになったと考えられる。

なお、「恥宣言」の意義とこの宣言以降の新日窒労組の水俣病事件への取り組みに関して、水俣病患者の治療、そして「水俣学」の中心人物である原田正純は次のように述べている。

水俣病のような公害裁判において加害企業の労働組合が組織として自社の公害の被害者支援に立ち上がったことは前代未聞のことであった（個人としてはあったとしても）。私はショックに似た感銘を受けた。乏しいものであったが私が持っていたチッソの労働者のイメージを大きく変えてくれた（熊本学園大学水俣学研究センター 2009：4）。

5　むすび——住民運動論・市民参加論再考

これまで、戦後日本の社会運動や地域紛争については、多くの研究が蓄積されてきた。その中で、たとえば対立関係が顕在化した争点に関して、それを調整する機関が存在しているか、欠如しているかという基準によって、「対決型ネットワーク」（調整機関が欠如）と「調停型ネットワーク」（調整機関が存在）とに分類されたことがある（片桐 1995：108–14）。この図式に依拠するならば、本章で検討してきた安賃闘争は、対決型ネットワークと調停型ネットワークのあいだを何度も往復することで長期化し、最終的に解決したととらえられる。

しかし、安賃闘争と水俣病との関連を考えてみると、こうした図式だけに依拠した説明では不十分なことが了解される。というのも、「経営者対労働組合」、そして「旧労対新労」という地域紛争（労使紛争）が、「チッソ対漁協」「チッソ対水俣病患者」という深刻な地域紛争、さらには公害問題や公害紛争それ自体を潜在化させてしまったからである。すでに述べたように、その原因の一端はマス・メディアの報道姿勢に求められよう。この時期、水俣という地域社会では「労使紛争」対「公害紛争」という地域紛争の重層化、あるいは地域紛争間の紛争といった状況が見られた。その結果、水俣病事件をめぐる地域紛争は、社会レベルにおいて一時期潜在化してしまったのである。そして、マス・メディアはこの傾向に加担したととらえられるのである。

また、公害紛争をめぐる住民運動に関しては、政治参加論ないしは市民参加論の立場から、その意義を積極的に評価する研究者も数多く存在した。その主要な一人である篠原一は、かつてこうした運動に支えられた「参加民主主義」に関しては、それを「代表民主主義の空洞化に対する人間の復元作用」（篠原 1977：2）と位置づけた。そして、一九六〇～七〇年代に生じた市民参加の動きを評して、「政治参加は、一般的にいって、間接的、制度的、中央的なものから、直接的、非制度的、地域的なものへと次第に拡がりを増しつつある」（同：37）という診断を下した。

しかし、安保闘争や三井三池争議と連動し、それに積極的にかかわっていたチッソの労働運動が、水俣病をめぐる地域紛争に対して理解を示さなかったという事実は、こうした比較的明快な市民参加論に対して再考を促すものである。もちろん篠原自身「コミュニティの欠如によって運動の中に広汎な労働者層をとりこむ余地が乏しいことによって、日本の市民運動はえてして孤立化の運命を辿りやすい」（同：114）ことは認識していた。とはいえ、水俣病事件と安賃闘争との関連に見られるような、地域紛争の重層化、あるいは地域紛争間の紛争といった問題意識を、当時の市民参加論がどの程度獲得していたのか疑問が残る。そして、日本のマス・メディアにしても、同様の問題意識をもちながら、水俣病事件をはじめとする地域紛争や住民運動について報じてきたのか、やはり疑問である。

これらの問題点は、ジャーナリズムの社会的機能のみならず、地域紛争や社会紛争、そして住民運動、社会運動、市民運動について検討するうえで、多くの示唆を与えてくれる。それをジャーナリズム論やマス・コミュニケーション論に引き寄せてみるならば、メディア・テクストの生産過程と消費過程に働く力学、そしてメディア・テクストとなった社会問題を分析する場合には、社会の支配的な価値観とともに、それに対抗する複数の運動や価値観のあいだの関係、対立、紛争にまで視野を拡大しなければならないことを、ここで論じた事例は我々に教えているのである。

注

（1）チッソ労働組合の運動史に関しては、熊本学園大学水俣学研究センター（2009）『新日本窒素労働組合６０年の軌跡』も参照した。

（2）チッソ労働組合は総評・合化労連の発足当初からこの組織の「実直な『優等生』」（花田 2009：56）として運動を展開していた点も重要である。ここで言う「優等生」とは、「……一九五七年からの総評による組織的な春闘方式の始まりの中で、新日窒労組も単産加盟労組として統一闘争に参加し、毎年春にはスト権を確立した上で賃上げ争議を実施（していた）」（同：57、カッコ内引用者）という状況を指している。この点に関しては、『水俣病五〇年 報道写真集』に、興味深い写真と説明文が掲載されている。その中の説明文のいくつかを以下掲げておく（熊本日日新聞編集局 2006：42-43）。

①「三池オルグ団―新日窒労組（第一組合）を支援するため、水俣に到着した三池労組などの炭労を中心とす

るオルグ団。六〇年安保、三池闘争後、水俣の安賃闘争は全国的な注目を集めた」（一九六二年七月二七日）。

②「チッソ水俣工場での安賃闘争に絡み、太田薫総評議長は熊本県庁に寺本広作知事を訪ね、労使紛争の平和解決のために知事が第三者の立場で努力してほしいと要請した」（一九六二年八月一一日）。

（3）　こうした報道姿勢をとった理由のひとつとして、「安賃闘争に影響を及ぼした「三井三池争議」が「六〇年安保闘争」とともに、きわめて大規模な社会運動、ないしは政治運動であったため、警察のみならず「右翼勢力」とのあいだで「暴力の連鎖」（大井 2010）を引き起こし、その点に関してはとくに新聞から批判されていた点は押さえておく必要がある。すなわち、こうした運動はその主張とは別に、さまざまな社会不安を生み出し、増大させるという点から批判されていたのである。この問題に関しては、「『右の暴力』が相次いで重大事件を引き起こした一九六〇年代四月の段階で、にもかかわらず、あえて『左の暴力』をそれと同等とみなす議論が、主要紙において特に珍しいものではなく展開されていた」（同：121）という指摘は興味深い。この指摘は「安賃闘争」のみならず、チッソに対する漁民たちの抗議運動（第5章）に対する報道や世論の反応を考えるうえでも参考になると思われる。

年表　新日窒（チッソ）水俣工場「安賃闘争」の経過

1962年	
2月 7 日	新日窒労組賃上げ，初任給引き上げ等を要求。
2月 12 日	スト権確立。
3月 16 日	団体交渉始まる。
3月 28 日	製造部門 24 時間スト。
4月 10 日	24 時間全面スト。
4月 11 日	無機部門 120 時間スト。
4月 16 日	有機部門無期限スト突入。
4月 17 日	会社側から安定賃金協定等に関する回答提示。労組側これを拒否。
4月 20 日	会社側前回同様の回答提示。
4月 21 日	無機部門 72 時間スト。
4月 25 日	団体交渉再開。
5月 9 日	合化労連中闘委で安賃粉砕のための支援共闘を決定。
5月 10 日	労組側，中労委のあっせん申請。
5月 12 日	県総評中心の熊本県新日窒労組支援共闘会議発足。
5月 16 日	総評，合化中心の新日窒春闘支援共闘会議発足。
5月 18 日	中労委のあっせん開始。
6月 6 日	中労委のあっせん不成立。
7月 9 日	全面 96 時間スト決行。
7月 16 日	全面 96 時間スト決行。
7月 20 日	重点部門のスト決行。
7月 23 日	会社，ロックアウトを通告。
7月 24 日	新労働組合結成。
8月 6 日	熊本地労委，労使双方に勧告。
8月 11 日	新労組，強行就労。
8月 27 日	熊本地裁，業務妨害排除の仮処分決定。
8月 28 日	新日窒労組（旧労），熊本地裁に仮処分決定取消しを申立。
1963年	
1月 13 日	新日窒労組臨時大会であっせん案受諾。
1月 21 日	会社側，あっせん案受諾。
1月 22 日	妥結締結書に調印。15 時以降スト，ロックアウト解除。
2月 1 日	新日窒労組員，第 1 次就労。
以後 3 月 9 日まで第 11 次就労。争議終息する。	

出典：水俣市史編さん委員会（1991: 622-24）

第7章　沖縄地方紙がつむぐ「記憶の網」
――「慰霊の日」の新聞報道――

1　はじめに――中心と周辺、そして国民文化と地方文化

中央と地方、あるいは都市と農村という二分法的な見方は、これまでごく普通に受け入れられてきた。両者のあいだにはむろん連続性はあるものの、都市は中央あるいは中心に位置し、機能し続けてきた。それゆえ、「人びとは都市に集まっては散っていった。……人びとの生活を秩序づける大きな出来事は、都市で起こった。このため都市の事柄は人びとの注目を浴びた」（藤田 1991：5）のである。都市にはさまざまな権力資源が集中し、都市と地方とのあいだには階層関係、あるいは支配関係が存在してきた。すなわち、「都市を構成する核となる権力が政治、経済、宗教などいずれの権力であれ、地方は都市の権力に組み込まれれば組み込まれるほどに、都市への生活物資の供給地としての性格を強化することをよぎなくされた」（藤田 1990：10）のである。このように都市の有するさまざまな力は、地方の従属を促す方向に作用してきた。以下の指摘は、この点を適切に要約している。

> 政治、経済、宗教、教育、娯楽等の社会生活の規範となる〈新しいルール〉は、都市で生み出された。したがって、都市の文化は地方に〝くだる（下る）〟だけ魅力的なものであると同時に、権威をもつものでなければならなかった。このため、とりわけ政治の中心になるような都市は、シンボル機能を果たすものであることが要求された。首都の選定もこうした観点から行われた（同：22）。

この指摘にあるように、とくに近代社会において国民国家が形成される場合、一般的には有力な都市の中から首都が選定され、それが国家社会の中心ないしは中枢に位置するようになった。そして、「中心あるいは中央としての首都」と、「周辺あるいは周縁としての地方」という構図が成立するようになった。首都は「新しいルール」を次々と生み出し、それを地方に普及させることで、国民国家の形成を進める中心的機能を担うようになった。逆から見れば、「新しいルール」を生み出すことが都市、とくに首都の要件と言うこともできる。

そして、職を得ようとする人たちだけでなく、そうしたルール作りに、あるいはさまざまな文化を生み出す作業に参加することを望む人たちも、地方から都市へと、とくに首都へ移動するようになった。ここに、人口、産業、文化などの諸資源の集中と、都市的な生活様式と思考様式の地方への普及という、一般に言われる首都を中心とした「都市化」の二つの側面を見出すことは容易である。国民国家では概して、首都を発信地として社会の均質化が進行し、それゆえに支配関係が形成され、確立されてきたのである。

こうした傾向は、近代日本社会の東京と地方の関係にも当然当てはまる。というより、日本社会の急速な近代化という特徴を考慮するならば、東京という中心の威力の大きさはいっそう強調されるべきかもしれない。政治や経済のみならず文化の中心地としての地位を首都東京は確立し、地方を支配するようになったのである。[1] くわえる。国民国家における中心と周辺、あるいは首都と地方という視座が次の問題を導くことになる点は重要である。

それは第一に、地方の重層性という問題である。国民国家の枠内でどれほど均質化が進んだとしても、たとえば各地方には中核都市（日本の場合、その多くは道府県庁の所在地）が存続するか、あるいは新たに発生し、そうした都市とそれ以外の地域とのあいだにも階層関係や支配関係が存在することである。第二に、首都という中心と周辺としての地方との関係が多様な姿を見せるという点があげられる。これは、中央を中心に国民国家レベルで形成された国民文化と地方文化との関係の多様性、およびそれに関連する地方文化の多様性と表現できる。第二の点について国民文化と地方文化という軸を用いて検討してみると、以下のような説明が可能になると思われる。

社会の構成員の多くは、社会化される過程で自らが属する社会に特有の準拠枠（人びとのふるまい、制度、イデオロギー、神話など）、すなわち文化を修得し、それを通して社会を理解するようになる。この準拠枠に基づいて、文化は思考様式とか生活様式を通じて具体化することになる。こうした文化が国民国家のレベルで成立したのが国民文化であり、国家と比べ小さな範域で成立したものが地方文化である（セルトー 1974=1990，参照）。

このように把握されうる地方文化を生み出し、成立させ、再生産し、ときには変化させる際に重要な役割を果たすのが地域メディアを主たる担い手とする地域コミュニケーションである。(2) もちろん地方文化は、国家レベルのマス・コミュニケーションと深くかかわる国民文化の影響を受けながら再生産され、あるいは変化してきた。ただし、前述したように首都と地方との関係は多様である。それゆえに、マス・メディアと地域メディア、そしてマス・コミュニケーションと地域コミュニケーションとの関係について検討する際も、各地方の地方文化の特徴を考慮する必要があることは当然である。

こうした「中心と周辺」、そして「国民文化と地方文化」という対比を前提として、本章では以下、沖縄地方紙と沖縄の記憶という問題に焦点を当てつつ、「本土」の世論を参照しながら考察を行う。それに基づきながら、つぎに二〇〇七年の沖縄の「慰霊の日（六月二三日）」に関する記事や論説を中心に分析することにしたい。

2　アジア太平洋戦争に関する「本土」の記憶

まず問題にしたいのは、先に示した国民文化と地方文化の関係が国民の記憶にどのような影響を及ぼすかということである。この問題を本章の主題と結びつけるならば、日本の国民文化と沖縄という地方文化との差異に着目し、それがアジア太平洋戦争に関する「本土」と沖縄の記憶の差異に及ぼす影響が中心の研究課題となる。

ここでは、「本土」の記憶という問題に関して検討してみる。国家という単位で戦争を考えれば、国民は戦争の被害者であると同時に、相手国から見れば当然加害者でもある。戦争の当事者は、一般に自ら直接行う戦争を正当な行為と見なすか、見なしたがる。それゆえ、たとえ敗戦国の場合でも、あるいは敗戦国であるがゆえに、通常は加害者としての記憶と比べ被害者としての記憶のほうが継承される傾向が強くなる。

日本国民のアジア太平洋戦争の記憶は、多様であり、時代とともに変化してきた。とはいえ、そうした記憶の基盤には、（沖縄県民も含め）戦争被害者という意識が優先されてきたと言える。戦場における悲惨な体験、そして戦時中と戦後の食糧不足や貧困といったことが、戦争被害者という意識や記憶を形成し、根づかせてきたと思われる。その象徴的な出来事が、広島と長崎への原爆投下であり、東京をはじめとする各都市への度重なる空襲であり、さらにはシベリア抑留、そして沖縄戦であった。これらの悲惨な出来事を通じて、日本国民は戦争被害者としての意識や記憶を強く抱くようになり、同時に戦争の悲惨さを国際社会に訴えること、そして「平和国家」の構築という国家目標を当然のこととして受容してきた。

このことが結果的には、アジア太平洋戦争をめぐる日本国民の加害者意識、あるいは当事者意識を弱めることへとつながり、それが中韓両国をはじめとするアジア諸国からの強い批判を招いてきたのは周知の通りである。もちろん、その根底には冷戦や朝鮮戦争に象徴される、敗戦時および米軍占領下における複雑な国際政治情勢との関連から生じた、戦争責任や戦後処理の曖昧さがあるのは言うまでもない。この点に関しては、一九五一年に調印され、日本の国際社会復帰の契機となったサンフランシスコ講和条約に関する以下の指摘が参考になる。

> サンフランシスコ講和条約は、「東」（共産圏諸国）の不在だけでなく、日本が直接多大の戦争被害を与えた「南」（アジア諸国）の国々の不在ないし軽視という点においても片面的であった（油井 1996：161，カッコ内引用者）。

この条約調印により日本は「西側」の一員となり、急速な経済復興が可能になったのは確かである。しかし、そのことは同時にアジア太平洋戦争における、とくにアジア諸国に対する加害者意識を低下させる方向に作用した。とはいえ、日本国民の感情はかなり複雑であった。実際、戦後日本社会では一九五〇年代の反基地闘争や「六〇年安保闘争」が生じていた。また、日本は「西側」の一員に属しながらも、「二つのアメリカがはっきり分裂し始める」（吉見 2007：151）という指摘に象徴されるように、対米感情もきわめて複雑なものだったからである。その内実については、「一方は、……商品やメディアに媒介されるイメージとして消費される『アメリカ』である。他方は、文字通りの『暴力』として人びとの日常に侵入し、そのために反基地闘争の標的となる基地としての『アメリカ』である」（同）と説明されている。

日本社会は、一九五〇年代後半からの急速な経済発展により「経済大国」としての地位を占めることに成功した（第6章）。それと同時に、平和憲法のもとで平和国家を目指すという方針は、戦後日本社会では長期にわたり多くの支持をえてきた。しかし、日米安全保障条約に象徴される日米関係重視という政策、そして冷戦という国際政治の力学の中で生じた「再軍備」への流れ、さらには国際貢献という国家目標の中で実施されてきた自衛隊の海外派遣は、「平和国家」という理念、あるいはその意味を曖昧なものにし、変化させてきた。言うまでもなく、とくに「五五年体制」以降、「再軍備」反対と護憲を主張する「革新」勢力が存在する一方で、「再軍備」や改憲を支持する「保守」勢力が存在していた。(3) そして、実際には「保守」勢力が主導権を握ることで、緊密な日米関係のもとで経済発展と「自衛力」の整備という「現実主義」路線が進められ、多くの国民は結果的にはこの政策を容認してきたのである。

他方、「革新」勢力においても、そこで働く力は概して内向きであり、それゆえ前述した戦争被害者という意識を中心に日本社会全体の戦争の記憶は構築され、更新されてきたと言える。日本社会、とくに「本土」におけるこのような記憶の構築や更新という作業と沖縄での「総力戦」、そしてそれに関する記憶は、以下の指摘に象徴されるように深く関連していた。

戦後日本のナショナリズムは、戦犯という外部をつくりあげることにより加害者を一部に限定し、天皇もふくめ、おしなべてみずからを戦争犠牲者として演出することによりはじまったのだ。また沖縄の悲劇を、わがことのように悲しむなかで、みずからを犠牲者として立ちあがらせていったのである（冨山 2006：168）。

日本社会では、三月一〇日（東京大空襲記念日）、六月二三日（沖縄戦慰霊の日）、八月六日（広島原爆記念日）、八月九日（長崎原爆記念日）、八月一五日（終戦記念日）が、戦争被害者（おもに「日本人」）の慰霊を目的に戦争の記憶を継承する重要な日として認識され、国家的な行事も行われてきた。これらの記念日には多数のマス・メディアが特集を組み、催される式典はメディア・イベントとして計画され、挙行されている。本章で検討する沖縄戦慰霊の日の式典は、二〇〇八年からＮＨＫが中継放送を開始している。これらの記念日とそれに関連するニュースや特集、さらにはテレビ・ドラマや映画などを通じて、日本国民の多数派のあいだでは、戦争の記憶は周期的に、非連続的に想起される。ここで強調すべきは、後述するように、そうした記憶が「本土」の多くの日本国民にとっては日常生活とは切り離されている点である。

戦争の記憶は記念日による時間的な区切りだけではなく、ある一定の区切られた場所ないしは空間によっても継承され、更新されてきた。東京都慰霊堂、沖縄平和祈念資料館・公園、広島平和祈念資料館・公園、長崎原爆資料館・公園、そして靖国神社や千鳥ヶ淵戦没者墓苑がそうした場所や空間に相当する。これらの場所では先に示した記念日には（あるいは、それ以外の日でも）さまざまな行事が執り行われる。さらには、一部の軍人を主たる慰霊の対象とすることからその性質は大きく異なるものの、たとえば知覧特攻平和会館、大和ミュージアムなども戦争の記憶を継承する場所として機能してきたと言える。

これらの記念日や場所の多くは、たしかに戦争の悲惨さを訴え、平和を希求する願いであふれている。しかし、そこでの基調がやはり戦争被害国としての日本、被害者としての日本国民であることは否定できないと思われる。さらに、これらの記念日や記憶する場所をめぐってさまざまな戦争観が対立し、そこが抗争する時間ないしは場所となるケースも見られることも重要である。二〇〇六年八月一五日の小泉首相（当時）の靖国参拝はそのことを象徴する出来事であった。この出来事に関して、たとえば『朝日新聞』は「注目の朝、称賛と怒り、関係者に聞く、小泉首相、終戦記念日に靖国参拝」(二〇〇六年八月一五日、夕刊、傍点引用者)という見出しのもとに、「反対の中なぜ、小泉劇場」、「見事、次期首相も続けて」、「民団、(在日大韓民国民団、引用者)強い遺憾」といった言葉で象徴される記事を掲載した。

これらの記事の中の「称賛と怒り」という言葉で示されるように、靖国神社は「A級戦犯合祀」の問題を中心として、戦争の記憶が対立・抗争する場所、そして空間として位置づけられてきた。そして二〇〇六年八月一五日という日は、小泉首相の靖国参拝により、「平和国家＝日本」という志向性と日本国内の偏狭なナショナリズム意識がせめぎ合う日となった。また、「民団、強い遺憾」という記事に見られるように、国内の民族的少数派もこの種の感情を担う有力な勢力であることは忘れてはならない。

もちろん、偏狭なナショナリズム意識が靖国神社を通して高揚する理由として、この神社が国際的、とくに東アジアではすでに政治問題化している場所、そして空間であることは留意すべきであろう。それゆえに、首相の靖国参拝に対する、とくに中韓両国からの批判や非難に関しては、日本社会はそれを外交ないしは政治問題として解釈する傾向が概して強かった。すなわち、中韓両国は戦争の記憶、さらには歴史認識の問題を「政治化」し、さらには政治的に利用しているという理解を日本社会は優先させたのである。それは首相の靖国参拝問題に限らない。教科書問題や領土問題(とくに尖閣諸島や竹島)に関しても、日本国民の多くは戦争責任や戦争の記憶を「歴史問題」として把握する傾向はあまり強くなく、外交問題あるいは政治問題としてとらえ、それにより自らの主張を正当化しがちである。その底流には、これまで繰り返し述べてきた、アジア太平洋戦争における加害者意識の低さと被害者意識の強さが存在すると考えられる。

3　沖縄という「地方」

さて沖縄である。近代日本社会において、沖縄はむろん日本の一地方である。ただし、沖縄は独自の地方文化を備えており、それゆえ沖縄の人々は「本土」とは大きく異なる記憶を有している。こうした地方文化や記憶は、むろん沖縄が「本土」とは異なる歴史を経験してきたことが最も重要な要因であるが、同時に沖縄地方紙に代表される、この地方に特有のメディア環境も大きな影響を及ぼしてきたと考えられる。というのも、「本土」と比べ全国紙の普及が進んでこなかった沖縄においては、たとえば世論形成における沖縄地方紙の影響力は高く評価されるべきだからである。それはまた、沖縄地方紙が沖縄の人々の記憶にも大きな影響を及ぼしたことにもつながると考えられるからである。

こうした観点に立ちつつ、まず沖縄という「地方」の近代史について概観する。次の記述は、歴史的に見て沖縄という地域が日本社会の中で特有の地位を占めていたことを端的に示している。

> 沖縄は、大日本帝国にとって、たんにいちばん遅れてきた県であるにとどまらなかった。日本の他の地域とは異なり、ともかくも王国を形成していた地域であり、また中国から政治上経済上文化上の影響をつよく受け、それだけに中国への心理的な近さを保持する地域であった（鹿野 1994：188）。

この指摘にもあるように、近世・近代史のとらえ方に関しては、沖縄と「本土」とのあいだの差異は非常に大きい。そうした差異を際立たせる「沖縄の人びとの心に深く沈殿している年」として、①一六〇九年――薩摩軍の侵攻と同藩による支配開始の年、②一八七二〜一八七九年―廃藩置県にともなう琉球処分、③一九四五年―一五年戦争最終段階での地上戦、日本からの分離、および米軍統治開始の年、④一九七二年―日本復帰の年、があげられている（同：184、参照）。

これら一連の出来事を見れば、「本土（日本）」と「沖縄（琉球）」は近世以降、基本的には支配・従属関係にあったことは容易に理解される。明治時代の「琉球処分」以降に限っても、一八八〇年の小学校開設、一八八六年の小学校令にともなう義務教育化による「同化」教育が進められ、一八九八年には徴兵制の導入と臨時沖縄県土地整理事務局が開設され、そして一八九九年の県土地整理法施行に始まり一九〇三年まで続く土地整理の中で、土地を集積する者と喪失する者が分化するとともに、沖縄経済はその封建的な諸制度が解体され、日本の資本主義体制下に深く組み込まれることになった（福間 2003：198-99）。その過程では、「方言撲滅運動、琉装・琉髪から和装・和髪へと転換を図る政策、改姓名の推進」が行われるなど、「本土」の制度が次々と導入され、「近代化」と「日本化」が進められることで沖縄の社会と住民は変質を余儀なくされることになった（鹿野 1994：188）。

沖縄ではこのような急激な「日本化」と「文明化」による「脱琉球化」、すなわち「本土」への同化政策が進められてきた。しかし、こうした政策には容易に従わない沖縄の人々も多数存在していた。これらの人々は、同化政策に反発し、抵抗したが、なかには沖縄から他国へ移住していった人も多数いた。すなわち、日本に対するよりは当時の清国に対する忠誠心を選び、清国に渡った「脱清人」、あるいは徴兵逃れのためにやはり清国に渡った人々、おもに経済的理由からハワイや南米、そして東南アジアに移民した人々、さらには台湾や満州といった「植民地」に移住した人々が数多く見られたのである（石田 2000：77-78）。もちろん、たとえば一九二〇年代の深刻な経済危機の時期、多くの沖縄の人々が経済的理由から「本土」への移住を余儀なくされたこともあった。しかしやはり、前述した他国への移住という社会移動は、沖縄の人々が抱く「本土」に対する心理的な距離、あるいは沖縄と「本土」との差異を印象づけるものである。

その後、アジア太平洋戦時において沖縄県民は激しい地上戦を経験したが、そのことは「本土」とはかなり異なる戦争の記憶を根づかせることになった。沖縄の場合、戦争の被害者意識は「本土」のそれと比べかなり複雑である。というのも、沖縄の人々の被害者意識は米軍と同時に「本土（とくに日本軍）」にも厳しく向けられ、言うなれば「二重の被害者意識」を持ち続けてきたからである。地上戦における米軍の残虐さに関しては次のような記述がある。

東西二か所（ニュールンベルグ軍事裁判と極東軍事裁判）の軍事裁判で、敗戦国の戦犯に……判決した米国だが、遺憾ながら沖縄戦においては……沖縄県民に対してその全部の罪を犯している（琉球政府編 1971b: 43）。

ここで言う、米軍が犯した「全部の罪」としては、「一般に対して行われた殺害、絶滅的大量殺人、奴隷化、強制的移動、其の他の非人道的行為」（同）があげられている。このような見解をもちつつも、沖縄の人々は米軍統治下で、米軍や米軍基地と日常的に接しながら生活を送ることになったのである。被害者意識のもうひとつの側面である、本土＝日本軍に対する意識については以下に掲げる説明によって明確に示されている。

一九四五（昭和二〇）年六月下旬、沖縄戦の組織的戦闘が終了しました。九〇日余にわたる戦闘で、山河はすっかりかたちを変えてしまいました。沖縄戦は一般住民を巻き込んだ、日本では未曾有の地上戦でした。軍民混在した戦場では、食料強奪、壕からの追い出し、スパイ容疑による斬殺など、さまざまな惨劇が発生しました。沖縄県民の四人に一人が亡くなりました（『ひめゆり平和祈念資料館、資料委員会 2004: 141）。

「皇軍」と当時呼ばれていた日本軍隊を、沖縄県民は「友軍」と呼んだ。各地に駐屯した部隊が互に友軍と呼んでいた言葉を口移しに覚えたものである。その友軍に「スパイ嫌疑」で惨殺された。これほど悲惨な哀話はあるまいと思われる（琉球政府編 1971a：398）。

これらの記述では、沖縄戦の悲惨さと同時に、日本軍の残忍さが強調されている。なかでも、この説明で一部触れられている沖縄県民に対するスパイ容疑に関しては、以下のような強い批判がある。

住民をスパイや敵の協力者として虐殺する事件が沖縄戦を通じてあちこちで起きるのだ。それは戦地特有の脅迫観念だけでは説明できない。本土から派遣された官吏や駐留軍が持つ住民への不信感や偏見、支配意識が根深く横たわっている。明治以来、ヤマト（本土）とすべてを同じにするという「同化教育」や「皇民化教育」は長く行われてきたが、昭和になるとそれにますます拍車がかかり、沖縄固有の姓を本土のように変える「改姓改名」運動も起きた。学校では禁を破って方言を使った子供に「方言札」を掛けて罰するということさえあった。……方言使用＝スパイという妄想は、こうした背景があって生じた（玉木 2005：32-33）。

この指摘にもあるように、「本土」＝日本軍に向けられた被害者意識の底流には、アジア太平洋戦争の体験だけでなく、「本土」と沖縄の歴史観の差異、あるいは「日本史」と「琉球・沖縄史」との差異が存在していたのである。

アジア太平洋戦争後の沖縄は、一九五二年にサンフランシスコ講和条約の発効後に「本土＝日本」と切り離され、米国統治下に入ることになった。朝鮮戦争（一九五〇～五三年）による東アジア情勢の緊張の高まり、そしてベトナム戦争（一九六〇～七五年）などを通して沖縄の軍事的重要性に対する認識が高まる中で、沖縄は「基地の島」としてその評価が定着することになった。こうした中で沖縄の反基地闘争は展開していた。一九五六年には、米軍の軍用地拡張に反対した大規模な反基地闘争、「島ぐるみ闘争」が生じた。しかし、米国統治下にある「基地の島」の沖縄住民は、経済的には基地への依存を高めていくようになった。その一方で、一九六〇年に発足した「沖縄県祖国復帰協議会」を中心に「祖国復帰運動」が活発に展開されるようになった。沖縄はこの目的を達成することで、米国統治からの脱却と米軍基地の縮小・撤廃を目指すことになったのである。本土復帰前の一九六九年の段階では、「沖縄県祖国復帰協議会」は以下に示すような運動の大義、あるいは最終目標を掲げていた。それは、①民族独立と主権回復の闘い―サンフランシスコ講和条約第三条（米国信託統治領とする同国の提案に対する同意）の撤廃、②反戦平和の闘い―米軍基地の撤去、③人権回復の闘い―日本国憲法の全面適用、であった（明田川 2008：261）。これらの目標や要求は、沖縄の人々にとっての「戦後」の実態を象徴するものであった。こうした現実に対する不満が、米軍人による犯罪をきっかけに米軍の施設や車輛の焼き討ちへと展開した「コザ暴動」（一九七〇年）の背景に存在していたと言える。

これらの点から、沖縄の人々のアジア太平洋戦争の記憶が、「本土」のそれと比べてはるかに歴史的な連続性を保ち、より日常的なものであることが了解されよう。それは一九七二年の「本土復帰」後も大きく変化してこなかった。というのも、復帰後も米軍基地のかなりの部分は存続し、基地を「核抜き本土並み」という要求も実現されなかったからである。

4 沖縄地方紙の歴史

つぎに、これまで概観してきた沖縄「地方」の特質を踏まえながら、沖縄地方紙の歴史と特徴について論じることにしたい。というのも沖縄地方紙は、全国紙や「本土」の地方紙とは異なる主張を展開してきたからであり、またこれまで述べてきた沖縄の人々の記憶が再生産ないしは更新される場として機能してきたととらえられるからである。

沖縄で最初に創刊された地方紙は『琉球新報』であった（一八八三年）。『琉球新報』の創刊の趣旨では「偏狭の陋習を打破して国民的特質を発揮し地方的島国根性を去りて国民的同化を計るものなり」（大田 1975: 483）というように、日本という国家への「国民的同化」が明確にうたわれていた。そして編集方針としては、第一に、沖縄人に県外の事情を知らしめるとともに県外におけるみずからの地位を自覚せしめる、第二に、県外の人に対して沖縄の実情を紹介し、沖縄についての誤解を解くと同時に沖縄人の国民的存在を認識させる、ことが掲げられていた（同：484）。

沖縄ではその後、『琉球新報』以外にもいくつかの新聞が創刊されたが、その大部分は経営上の困難に直面し、廃刊に追い込まれた。こうした経営上の厳しさは、戦前の沖縄地方紙にはつねにつきまとう問題であった。ところが皮肉なことに、沖縄地方紙に財政上の安定をもたらしたのは、言論統制の一環として一九四〇年から実施された「一県一紙政策」であった。この政策により、当時の沖縄の有力三紙であった『琉球新報』、『沖縄朝日新聞』、『沖縄日報』は一紙に統合されることになり、新たに『沖縄新報』が創刊された（同：514）。その後、『沖縄新報』は戦局の悪化により一九四五年四月二五日に廃刊へと追い込まれた。同年六月二三日、沖縄戦は終息したが、そのわずか約一カ月後の七月二六日には『ウルマ新報』（後の『琉球新報』）が発刊された。この当時の状況に関しては、以下のような記述がある。

当初の記事はすべて米軍政府提供で、米側からみた日米の戦況、例えば八月八日発行の第三号には広島への原爆投下を報じ、八月一五日発行（第四号）では〝渇望の平和いよいよ到来、条件を受理す〟と、日本の降伏の記事をワシントン、モスクワ、東京電で報じた（琉球新報百年史刊行委員会 1993：169）。

また、沖縄の人々のこの種の記事の受容の仕方に関しては、次のように要約されている。

これまで沖縄も含めた日本国民は、日中戦争、第二次世界大戦の実情を知らされていなかった。とくに、日・米の戦争、沖縄の戦況も実情は知らされなかった。大本営発表のみをうのみにさせられ、必勝の信念ばかり植えつけられて、その結果が、県民の場合には、戦火のなかにたたき込まれ、二十万近い命を失い、米軍に占領され、捕虜になってしまった。そして数ヵ月全く新聞から遠ざかった生活をさせられた後に、配布された新聞が、これまでと全く違った報道記事がのっていることにショックをうけたのは無理からぬことであった（同：170）。

ここで注目すべきは、『ウルマ新報』が発刊された経緯に関する以下の記述である。それは、「同新聞（ウルマ新報）が世に出た時期（一九四五年七月二六日）は、沖縄戦が終息してわずか一カ月後である。したがって、住民に対する情報宣伝機関としての新聞を必要としたのは、だれよりも米占領軍であった」（辻村・大田 1966：26，カッコ内引用者）というものである。ここで述べられた『ウルマ新報』の発刊時期とその使命を見ると、沖縄にとっての「終戦記念日」は八月一五日ではないことが再認識され、それと同時にこの新聞が米軍の「情報宣伝機関」としての役割を担わされていたことがわかる。

『ウルマ新報』はその後一九五一年に『琉球新報』へと復元改題された。それ以外には、『沖縄タイムス』(一九四八年)、『沖縄毎日新聞』(同)、『沖縄ヘラルド』(一九四九年)、『琉球日報』(一九五〇年)、『沖縄日日新聞』(一九五九年)が相次いで発刊され、戦前以上に激しい競争を繰り広げることになった(辻村・大田 1966：13、参照)。現在、沖縄本島では『琉球新報』と『沖縄タイムス』の二紙が、沖縄の有力地方紙として多くの読者を獲得している。

なお米軍統治下の沖縄地方紙については、以下のように要約されている(辻村・大田 1966；琉球新報百年史刊行委員会 1993；門奈 1996をおもに参照)。当時、沖縄地方紙は米軍政府を批判できず、沖縄の人々は自らの政府を批判する自由もなかった。また、戦争直後から民衆のあいだで主張されていた復帰問題を、新聞は一九五一年ごろまではとりあげることはできなかった。ただし、沖縄で最初のメーデーが実施された一九五二年になると、「言論の自由」の問題が初めて新聞論調の中に見られるようになった。一九五〇年代後半になると新聞の自由度は高まり、さまざまな問題に関して発言するようになり、その勢いは六〇年代半ばになると一段と加速された。とくに、一九六四年の「主席公選」、「自治権拡大」の要求の高まり、一九六五年の「佐藤首相(当時)の来沖」、一九六七年の「沖縄返還に関する日米共同声明」、一九六八年の「主席公選」、一九六九年の「日米首脳会談による〝本土並み〟七二年返還」といった沖縄の現状や将来構想にとって重要な意味をもつ諸問題に関して、沖縄地方紙はおもに批判的な立場から積極的な主張を行い、県内の世論形成のみならず「本土」への情報発信に大きく寄与したのである。

一九七二年五月一五日、沖縄は念願の本土復帰を果たした。ただし、以下に見るようにその際の『琉球新報』

の論調はかなり批判的であった。

政府は「国家の慶事」として那覇と東京で復帰記念式典を開催するが、県民の心は重い。極東一を誇る嘉手納米軍基地をはじめとした基地は存続され、「太平洋のキー・ストン」になんの変化も見られないからだ。同時に日本国民としての主権を回復し、平和憲法が適用されたとはいいながら、屋良初代県知事がいうように「完全な解決への第一歩」にほかならない（一九七二年五月一五日）。

さらに、同日の社説、「新生沖縄県民の誓い」では以下のような主張を展開した。

県民の願望だった復帰は実現したがその内容は、県民が望んだものとは、ほど遠い。……最近のベトナム情勢とも関連して、沖縄基地とかかわりを持つ米軍の軍事行動が、安保条約の事前協議の解釈をめぐって論議を呼びつつある。このことは沖縄の復帰によって安保条約が再検討の時期にきたことを示すものであろう。復帰後の「豊かで平和な沖縄県」づくりをカラ念仏で終わらせないためには、沖縄の米軍基地が絶対に現状のままでいけないのは明白である（同）。

以上の点から、沖縄の地方紙は米国占領下から本土復帰という大きな変動を経験する中で、米軍基地問題という沖縄にとっては逃れられない重要な問題を直視し、積極的に主張を行ってきたことがわかる。その際、この社説からも了解されるように、「豊かで平和な沖縄県」の実現という目標と、安保条約の見直し、さらには平和憲法の擁護と沖縄への適用という問題とを積極的に結びつけ、その作業を通じて基地問題の構図を描いていた。ここに、沖縄という「地方」と沖縄の「地方紙」のもつ特質を見出すことができよう。

実際、『琉球新報』と『沖縄タイムス』の両紙とも基地問題にきわめて熱心に取り組んできた。そうした報道姿勢については、「『沖縄タイムス』や『琉球新報』の論調が鋭いのは、米軍の積年の支配統治にたいする怨念というべきでなく、現在ただいまの現実的な被害によってである」（鎌田 2002：48）という適切な指摘がある。両紙ともむろん現在進行形の問題として基地問題をとらえ、それに関する報道を通じて沖縄の戦争の記憶を更新、ないしは再生産してきた。すなわち、アジア太平洋戦争、なかでも沖縄戦に関する「記憶の網」を強く張りめぐらし、その中心に基地問題を位置づけ、その深刻さについて論じてきたのである。

5 「本土」と沖縄の「温度差」

「本土」の人々と沖縄県民の意識の差に着目したとき、「温度差」という言葉がよく用いられる。こうした温度差を生み出した要因に関しては、本章でのこれまでの考察でかなりの程度明らかになったと思われる。そこで以下では、のちに行う二〇〇七年六月二三日の「沖縄慰霊の日」の新聞記事分析の準備作業として、米軍基地、そして「本土」と沖縄の格差といった問題に関する世論の動向（二〇〇六〜二〇〇七年）を中心に検討してみる。

(1) 米軍基地問題

「本土」の政治エリート、マス・メディア、そして世論の多数派が、沖縄の返還後も米軍基地の約七五％が沖縄に集中してきたことに対して同情し、その現状の改善を主張し続けてきたのは確かである。たとえば、『朝日新聞』の社説、「いま沖縄の復帰を迎えて」（一九七二年五月一五日）を見ると、以下のような主張が展開されている。

米極東戦略体制の中枢に位置づけられ、のがれようもない狭い島で、巨大な米軍基地と同居させられてきた重圧が、基地のない「平和の島」をめざす祖国復帰運動へと沖縄の人々を駆り立てた。……「平和の島」を求めるものに「基地の島」を与え、異民族統治の体験の上に、さらに忍従と耐乏をしいる。そうした資格が本土にあるのか、本土という名の国家とは何か、というのである。われわれは、その痛切な声に耳をすまさねばならない。

ただし、「基地の島」から「平和の島」へということの問題は、当然のことながら米軍基地の縮小や撤去だけでなく、国際政治の力学を考慮するならば、沖縄の基地機能の「本土」への（一部）移転と密接にかかわるものであった。この問題に関する「本土」の世論は、一見すると本土移転を支持しているかのように見える。たとえば、二〇〇六年四月に内閣府が発表した「自衛隊・防衛問題に関する世論調査（回答者は国民全体の中から抽出）」の中で、「沖縄県における在日米軍の機能の一部を本土で受けもつことについて、あなたはどう思いますか」という問いに対する回答は以下のような結果となった。

・「賛成」一七・八%、「どちらかといえば賛成」三三・七%、「どちらかといえば反対」二一・六%、「反対」一一・九%、「一概にいえない」九・四%、「わからない」四・六%

ここでは、米軍基地の一部本土移転に関しては、「賛成」と「どちらかといえば賛成」をあわせた「賛成意見」（五一・五%）が、「どちらかといえば反対」と「反対」をあわせた「反対意見」（三四・五%）を上回るという結果が出ている。ただし、賛成意見の中には当事者意識が希薄なものが多数存在することは容易に察することができよう。同時に、「NIMBY（Not in My Backyard）」と呼ばれる意見が含まれる可能性が高い点も留意すべきである。すなわち、「沖縄の米軍基地縮小のため基地施設の本土への基地移転必要性は認めるが、自らの生活範域には設置しない（あるいは移転しない）でほしい」という意見が多数含まれることが十分推測されるのである。(4)

他方、沖縄においては、当然のことながら米軍基地撤去という主張は広く受け容れられ、その正当性は自明視されてきた。というのも、米軍基地はその存在が引き起こすさまざまな問題のみならず、米軍人がさまざまな事故や事件を生じさせてきたからである。たとえば、一九九五年九月に沖縄米兵による少女暴行事件という許しがたい事件が起こった。その約二カ月後に実施された世論調査結果では、「沖縄の米兵による少女暴行事件で、米軍基地への反発、安保条約見直しの声が出ていることを『当然だ』と受け止めている人が、全国、沖縄とも九〇％以上を占めた」（『朝日新聞』一九九五年一一月一一日）という記事に見られるように、米軍基地のみならず日米安全保障条約に関しても批判的意見が多数を占めていた。ちなみに同年一〇月二一日には、宜野湾市で事件に抗議する県民総決起大会が開催され、八万人を超える県民が参加した（主催者発表）。また、沖縄の本土復帰三五周年にあたる二〇〇七年に、沖縄県民を対象に実施された世論調査結果は、「ただちに全面撤去」一五・四％、「段階的に縮小」七〇・〇％という結果になった（『沖縄タイムス』二〇〇七年五月一三日、この調査は『沖縄タイムス』と『朝日新聞』が共同で実施）。

しかしながら、沖縄の米軍基地に関しては、日本社会では概して日米関係、そして日本や東アジアの安全保障上の観点から論じられ、その必要性が主張されてきた。その結果、沖縄の世論が政策に及ぼす影響は限定され、日本政府は沖縄の基地問題の解決に直接つながる具体案を提示することに消極的であり、そのことに対して沖縄県民の多くは強い不満を抱いてきた。ただし、米軍基地の経済的効用、日本政府からの経済支援といった「現実」が考慮されることで、基地問題に関する沖縄県民、そして日本国内の世論はその時々で変化してきたことも事実である。前掲の『沖縄タイムス』の調査（二〇〇七年五月）では、沖縄県民は「本土」と沖縄のあいだには「さまざまな格差がある」七七％、という回答が圧倒的多数を占めることになった。その内訳は以下の通りである。

・「所得」三五％、「就職」一六％、「基地問題」一四％、「教育」八％、「交通網」一％、「その他・答えない」三三％

この時点では、沖縄県民の多くは基地の撤去や縮小を訴えていたものの、半数以上が基地問題よりも所得と就職といった経済格差のほうを深刻に考えていたことがわかる。こうした調査結果に関しては、設問や回答の選択肢などの要因が働いているとも考えられるが、それでも沖縄県民の意識にしてもその時々のさまざまな出来事に影響され、微妙な変化を見せてきたと言えよう。

(2) 戦争の記憶

つぎに検討したいのは、こうした米軍基地問題とアジア太平洋戦争、とくに沖縄戦に関する記憶との関連である。アジア太平洋戦争後、「本土」では政治社会変動が進み、また急速な経済発展が進んだことから、一般に一九四五年八月一五日を境として戦前と戦後という区分が行われてきた。もちろん、先に触れたように、日本社会ではアジア太平洋戦争に関しては記録の解釈や記憶の継承の仕方をめぐって実に多くの論争が存在し、その状況は時代とともに変化してきた。しかし、そうした論争が「本土」の米軍基地問題と結びつけられて論じられてきたかというと、必ずしもそうではなかった（山腰 2012, 参照）。

その一方、沖縄では日本で唯一の地上戦が行われたことから、この戦争、とくに沖縄戦に関する記憶は当然のことながら非常に生々しく継承されてきた。しかも、これまで再三述べてきたように、本土復帰までは戦争敵対国であったアメリカの統治下にあったという経験、そして復帰後も基地は大きな変化なく存続してきたことから、基地問題は戦後も、そして復帰後も沖縄社会全体とつねに深くかかわる問題であった。それゆえに、戦前と戦後の区分も含め戦争の記憶の仕方は当然のことながら「本土」とは大きく異なるものであった。

沖縄社会にとって米軍基地問題は、すぐれて現代的な問題であるが、それと同時にアジア太平洋戦争やベトナム戦争などに関する戦争の記憶とも強く結びついてきた。後述するように、二〇〇七年に全国的な政治問題として多くの注目を集めた「集団自決」の記述をめぐる「教科書問題」にしても、それは単なる「教科書検定」の問題にとどまるものではなく、また沖縄戦という過去の問題に関する事実認定の問題に回収されるものでもなかった。それは基地問題を含む「本土」と沖縄という、過去と現在を結ぶ線上に位置する問題としてとらえられていたと考えられるのである。

6　慰霊の日と沖縄県営平和記念公園

「沖縄戦慰霊の日（六月二三日）」は、沖縄の戦争の記憶を集約し、顕在化させる記念日（ないしは祈念日）である。以下では、基地問題と戦争の記憶に関する本章での検討を踏まえながら、「沖縄戦慰霊の日」の報道分析を行う。また、この日に実施されるさまざまな行事が行われる沖縄平和記念公園についてもいくつかの観点から論じることにする。沖縄社会における「慰霊祭」および「慰霊の日」に関する歴史的経緯は、以下のように要約さ

れる（『琉球新報』二〇〇五年六月二三日、二〇〇六年六月二三日、二〇〇七年六月二三日、参照）。

・一九六二年　「慰霊の日」スタート（法定休日に、当初は六月二二日）。
・一九六四年　琉球政府主催の第一回沖縄戦没者追悼式が開催。場所が糸満市摩文仁に移る。
・一九六五年　「慰霊の日」が六月二三日に変更。
・一九六九年　安保破棄・B52撤去・即時無条件返還要求県民大会。「慰霊の日」が初めて「反戦の日」に。
・（一九七二年　沖縄「本土復帰」）。
・一九九〇年　歴代総理としては初めて海部俊樹首相が追悼式に参列。
・一九九五年　糸満市摩文仁の平和記念公園内に平和の礎が完成。

このような経緯で、「慰霊の日」は沖縄のみならず日本社会全体においてもしだいに定着し、現在では総理大臣が式典に参列し、追悼の言葉を述べるのが慣例となっている。ただし、この日の制定に関しては、以下のような異論があったことは銘記されるべきであろう。

二〇万を推測されるすべての沖縄戦犠牲者（米軍による強制的移動による犠牲者も）の慰霊の日が設定されていない。この二〇万犠牲者が合祀され慰霊の祭典を行なう中央慰霊塔も建立されていない。旧軍国主義権力の一細胞だった第三二軍の終末の六月二三日、現在の慰霊の日と彼等が終末をつげた摩文仁の丘とは、一般の二〇万の犠牲者の慰霊をボカしているもので、県民犠牲者とは関係ない（琉球政府編 1971b：80）。

ここでの記述にもあるように、六月二三日とは日本軍の組織的戦闘が終結した日にすぎず、沖縄県民にとっては大きな意味をもたないという主張が展開されていた。現在ではこの日を「慰霊の日」とすることについては、「本土」のみならず沖縄社会においてもほぼ合意を得ているが、その制定にあたってはとくに沖縄ではさまざまな論議を呼んでいたのである。

沖縄には「ひめゆり平和祈念資料館」をはじめ、沖縄戦に関するいくつかの施設があり、現在でも多くの人々が訪れている。ただし、前述したように「慰霊の日」の式典の中心となるのは「沖縄県営平和記念公園」であり、この地で沖縄県主催の追悼式典が毎年行われている。この公園の中心に、アジア太平洋戦争、および沖縄戦終結五〇年を記念して「平和の礎《いしじ》」が一九九五年につくられたが、その基本理念は以下のように述べられている（沖縄平和祈念資料館ホームページ）。

①戦没者の追悼と平和記念　去る沖縄戦などで亡くなられた国内外の二〇万人余のすべての人々に追悼の意を表し、御霊を慰めるとともに、今日、平和の享受できる幸せと平和の尊さを再確認し、世界の恒久平和を祈念する。

②戦争体験の教訓の継承　沖縄は第二次世界大戦において、住民を巻き込んだ地上戦の場となり、多くの貴い人命とかけがえのない文化遺産を失った。このような悲惨な戦争体験を風化させることなく、その教訓を後世に正しく継承していく。

③安らぎと学びの場　戦没者の氏名を刻銘した記念碑のみの建設にとどめず、造形物を配して芸術性を付与し、訪れる者に平和の尊さを感じさせ、安らぎと憩いをもたらす場とする。また、子供たちに平和についての関心を抱かせるような平和学習の場としての形成を目指す。

また、「平和の礎」の刻銘対象者については次のように記されている（同：傍点引用者）。

沖縄の歴史と風土の中で培われた「平和のこころ」を広く内外にのべ伝え、世界の恒久平和を願い、国籍や軍人、民間人の区別なく、沖縄戦などでなくなられたすべての人々の氏名を刻んだ祈念碑「平和の礎」を、太平洋戦争・沖縄戦終結五〇周年を記念して建設する。

「平和の礎」の特徴は、「ひとつの戦闘地域での全戦没者を刻銘していることである。……それぞれの遺族にとって『平和の礎』は、①『鎮魂・慰霊』、②『追悼・追想』、③『事実の記録』という要素を備えたものとして認識されている」（石原 2002：318, 321）点に求められる。こうした発想がつぎに見る「沖縄平和祈念資料館」（二〇〇〇年開館）の設立理念と結びつくのは明らかである。

一九四五年三月末、史上まれにみる激烈な戦火がこの島々に襲ってきました。九〇日におよぶ鉄の暴風は、島々の山容を変え、文化遺産のほとんどを破壊し、二〇数万の尊い人命を奪い去りました。……私たち沖縄県民は、想像を絶する極限状態の中で戦争の不条理と残酷さを身をもって体験しました。この戦争の体験こそ、とりもなおさず戦後沖縄の人々が、米国の軍事支配の重圧に抗しつつ、つちかってきた沖縄のこころの原点であります。……私たちは、戦争の犠牲になった多くの霊を弔い、沖縄戦の歴史的教訓を正しく次代に伝え、全世界の人びとに私たちのこころを訴え、もって恒久平和の樹立に寄与するため、ここに県民個々の戦争体験を結集して、沖縄県平和祈念資料館を設立いたします（沖縄平和祈念資料館ホームページ）。

この記述に対して異を唱えることは不可能であるし、唱えるべきではないだろう。また、ここでの主張は沖縄県民のみならず、日本社会の構成員の圧倒的多数派に共有されていると思われる。ただし、ここで留意すべきは、「慰霊の日」の制定の際と同様、やはりこの資料館の展示に関してもさまざまな論議が生じていたことである。この資料館の前身である「沖縄県平和記念資料館（旧館）」（一九七五年開館）の展示内容について、すでに異論が提示されていた。すなわち、「開館当初は……日本軍の遺品を中心に展示が構成されたため県民や研究者から強い批判が起きた。……七八年に『住民の視点』に立つ展示内容に見直された経緯がある」（松永 2002：140）というのである。その後、新たに開館した沖縄県平和記念資料館の展示をめぐる問題は、以下の指摘にもあるように沖縄社会ではより大きな争点となった。

> この問題は沖縄戦の事実を「住民の視点」で伝えてきたはずの県資料館が新しい資料館へ移行する段階で、県民の意思とは無関係に展示内容の変更が県行政内部で進められたことにある。秘密裏ともいえる行政当局の変更作業は、沖縄戦で住民虐殺をした日本軍の展示を「残虐性が強調され過ぎない」表現に変えるよう指示するなど「住民の視点」とはまったく別の次元で「手」が入れられていた。……県首脳は最後まで展示変更を指示したことは認めなかったものの噴出し続ける人々の怒りを前にして、展示変更作業そのものを事実上撤回せざるを得なかった（同：131-32）。

この出来事は、一見大方の合意の上に建設されたように思われる平和記念資料館にしても、そこが戦争の記憶をめぐる抗争の空間になりうることを示している。同時に、先に示した資料館の「設立理念」に関しては幅広い合意があるにもかかわらず、展示というかたちでその理念を具体化する際には、沖縄県民のあいだでも必ずしも見解が一致していないことも示している。ただし、この説明では「行政当局」対「県民＝住民」という図式で対立や抗争が描かれているが、この図式がとくに「県民＝住民」の意見が一枚岩であることを前提に成立している点は再考され、批判されるべきかもしれない。

しかし、沖縄戦の記憶の継承という問題はまさに現在進行形なのであり、そのフレームの中に基地問題が存在するということ、そしてこの意識が沖縄社会で広く共有されていると見ることは可能と思われる。平和記念資料館は、「平和の礎」とともに沖縄戦の記憶の継承を象徴する存在であり、それゆえにそこでの展示は多くの論議を呼ぶことになったと思われる。

7　「慰霊の日」をめぐる新聞報道（1）――二〇〇五～二〇〇七年

それでは、この「慰霊の日」を「本土」の全国紙や沖縄地方紙はどのようにとらえ、報道してきたのだろうか。まず、戦後六〇年にあたる二〇〇五年六月二三日の『朝日新聞』の社説を見てみよう。『朝日新聞』は「沖縄戦六〇年、この地獄を忘れまい」と題した社説で次のような主張を論じた。

あれから六〇年経つ。当時五歳以上だった人に戦争の記憶があるとするならば、その世代は今や一割になった。だからこそ、この悲惨な戦闘を後の世代に伝えていかなければならない。そんな努力がつづいている。……美術館の屋上に上がれば、普天間飛行場での大型ヘリの離着陸を目の当たりにする。過去の戦争に重なり合うように、現代の戦争はそこにはある（『朝日新聞』二〇〇五年六月二三日、傍点引用者）。

この社説では、沖縄戦の記憶を継承する必要性とともに、「現代の戦争」とかかわらざるをえない沖縄の現状が描かれている。他方、『琉球新報』は同じ日の社説で、「戦後六〇年慰霊の日、語り継ぐ努力今後も、今こそ沖縄戦の教訓を生かせ」と題し、以下に見るように『朝日新聞』では言及されていない問題も積極的にとりあげている。

沖縄は戦後も、二七年間の米軍支配という苦渋の歴史を背負わされた。……戦争を行うことを任務とする軍隊が、不戦の誓いを立てた沖縄に駐留することはふさわしくない。……第二次世界大戦の反省から制定された『戦争放棄』をうたった平和憲法を改正しようとする動きが勢いを増している。……来春から使用される中学校の歴史教科書では沖縄戦の記述が減少し、国の責任をぼやかすような記述もある（『琉球新報』二〇〇五年六月二三日、傍点引用者）。

『琉球新報』のこの社説は、沖縄戦の記憶の継承とともに、「憲法改正」、そして「歴史教科書」の記述の問題をとりあげ、そうした戦争の「記憶の網」の中に米軍基地問題を据えている。また、「本土」では沖縄戦の歴史教科書の記述に関しては二〇〇七年になっていっそう多くの注目を集め、論議を呼んだが、沖縄ではこの問題は二〇〇五年の時点ですでに大きくとりあげられていた。『沖縄タイムス』は、二〇〇五年六月二四日の社説で「首相と『礎』、アジアの犠牲を見つめる」と題し、以下のような見解を示した。

一九九五年に建立された「平和の礎（いしじ）」では、沖縄戦の体験者らが花を供え、刻まれた名と方言で語り合う。……木陰の広がりが教える一〇年の歳月は有事法制の整備、憲法改定論の高まり、自衛隊のイラク派遣に代表された。米同時テロを境にブッシュ米政権の軍事力行使は続き、普天間飛行場返還は進まず、ヘリ墜落事故は起きた。……小泉首相は今一度、過去の戦争とアジアの犠牲に目をむけてもらいたい（『沖縄タイムス』二〇〇五年六月二四日、傍点引用者）。

この社説は、先に見た『朝日新聞』と同様、現代の戦争やテロに言及している。しかし、『朝日新聞』の社説と比べ、より踏み込むかたちで「有事法制」、「憲法改定」、「自衛隊のイラク派遣」といった小泉政権の政策を強く批判し、そうした文脈の中に普天間飛行場返還やヘリ墜落事故など、米軍基地問題を据えて論じている点に特徴がある。

また、歴史教科書の問題が争点として全国化した二〇〇七年六月二三日の『朝日新聞』の社説「沖縄慰霊の日、集団自決に見る軍の非情」では、次のような見解が示された。

今年の慰霊の日は、昨年までと趣が異なる。……きっかけは「集団自決」についての教科書検定である。……保守、革新を問わず、憤ったのはなぜか。集団自決が日本軍に強いられたものであることは、沖縄では疑いようのない事実とされてきたからであろう。……沖縄の人たちは「捨て石」にされ、根こそぎ動員されて日本軍と一緒に戦い、そこで集団自決が起きた。いまさら「日本軍は無関係」と言うのなら、それは沖縄をもう一度裏切ることになる（『朝日新聞』二〇〇七年六月二三日）。

この社説では沖縄戦の悲惨さが日本軍によってもたらされたこと、それゆえに教科書検定の結果が妥当性をもたないことが明確に、かつ力強く述べられている。この年の『琉球新報』と『沖縄タイムス』の社説の論調は、『朝日新聞』と大きな違いはない。ただし、『琉球新報』の社説「慰霊の日、沖縄戦の記憶は〝平和の砦〟、山積する戦後処理を急ごう」は、以下のように教科書検定と歴史認識の問題について沖縄をめぐるそれ以外の問題と関連させながら論じており、この点は注目すべきである。

きのう午後、県議会は、文部科学省の高校教科書検定で沖縄戦の「集団自決」への日本軍の強制などの記述が修正・削除された問題で、検定意見の撤回を求める「意見書」案を、全会一致で可決した。……県議会の意見書可決で、名実ともに県民世論は『検定撤回』の要求を政府に突きつけた。……「歴史の目撃者」たちが少なくなり、新たな歴史観による教科書の書き換えが進む。教科書問題で「集団自決」で軍命の有無を争点にしているが、本質はまぎれもなく存在する政府の開戦責任も含めた「戦争責任」である（『琉球新報』二〇〇七年六月二三日、傍点引用者）。

この社説の特徴として、「教科書検定」、「集団自決」といった問題に関して、県民世論が要求を当時の安倍晋三政権に「突きつけた」という強い表現をとることで、「本土」政府との対決姿勢を明確にし、こうした問題が生じた原因を戦前の政府の「戦争責任」に求めている点が指摘できる。とくに、「本土」政府に対する見方として、「集団自決」の記述の修正・削除を容認した安倍政権と、第二次世界大戦の開戦を決断した戦前の「政府」、すなわち戦前・戦後いずれの日本政府に対しても、強い批判的姿勢が明確になっていることは重要である。また、『沖縄タイムス』の社説「慰霊の日、検定撤回は県民の総意」は、以下に見るように教科書問題を厳しく批判し、同時に関連するいくつかの問題をとりあげている。

沖縄戦に関する教科書検定の経緯を振り返ると、政府にとって都合の悪い沖縄戦関連の記述を歴史教科書から消し去りたいかのようだ。研究者らが同様に指摘するのは、日本軍の残虐性を薄める方向での修正の動きである。……安倍晋三首相は「戦後体制からの脱却」を掲げ、憲法改正、教育問題を重視してきた。「愛国心」重視の教育基本法を改正し、従軍慰安婦問題で「狭義の強制性」を否定した。靖国問題など首相の歴史認識が問われている（『沖縄タイムス』二〇〇七年六月二三日）。

この社説の特徴は、「戦後体制からの脱却」、「憲法改正」、「愛国心」、「教育基本法」、「従軍慰安婦問題」、「靖国問題」といった安倍政権が提示した各政策という問題構成の中に、沖縄戦の教科書検定問題を位置づけ、それらとの関連から評価を試みている点にある。

以上見てきたように、沖縄の地方紙は「慰霊の日」の意義を、単に沖縄戦の記憶の継承という問題だけにとどめることはしない。沖縄戦の記憶は、かねてより教科書問題と結びつけられ、また護憲意識や反基地運動とも接続させられてきた。さらには、「慰霊の日」をアジア地域の戦争犠牲者に対する追悼の日という位置づけもしてきた。先に触れたように、沖縄にとって「慰霊の日」は「終戦記念日」なのであり、そうした認識は沖縄戦をめぐる歴史認識やアジア太平洋戦争の戦争責任といった問題と連動し、それはまた前述した反米、反「本土＝日本軍」という二重の被害者意識とも深く関連していると思われるのである。

8　「慰霊の日」をめぐる新聞報道（2）——二〇〇八年の沖縄県紙の特集を中心に

(1)　沖縄地方紙に見られる「記憶の網」

二〇〇七年九月二九日、宜野湾海浜公園は一一万六〇〇〇人もの沖縄県民で埋め尽くされた（主催者側発表）。文部科学省の高校歴史教科書検定で、日本軍の強制による沖縄戦における「集団自決」の記述が削除・修正されたからである。『琉球新報』と『沖縄タイムス』の両紙はこの集会に関する号外を出し、翌三〇日の朝刊ではまさに大々的に報じた。社説では「検定撤回県民大会、国は総意を見詰めよ、歪曲を許さない意志固く」（琉球新報）、「一一万人の訴え、政府の見解を問いたい、史実の改ざんを許すな」（沖縄タイムス）という見出しをそれぞれ掲げ、日本政府に対する強い抗議の姿勢を示した。全国紙では『朝日新聞』が両紙と同様の立場から同日、社説「集団自決、検定意見の撤回を急げ」を掲載した。

この問題は、二〇〇七年から二〇〇八年にかけて全国的な争点となった。そうした中で、沖縄は二〇〇八年六月二三日の「慰霊の日」を迎えることになった。この日に社説で「慰霊の日」をとりあげたのは、全国紙では『朝日新聞』だけであり、「沖縄慰霊の日、本土に届け、戦争の記憶」という見出しを掲げていた（二〇〇八年六月二三日）。ただし、「戦没者追悼式、沖縄慰霊、不戦誓う」（『読売新聞』六月二三日、夕刊）というように、ほかの全国紙は式典の模様に関しては報じていた。

ここでは、教科書問題も含めた沖縄地方紙に見られる「記憶の網」に関して考察を行う。その際、複数の争点のあいだの意味連関、すなわち争点連関の観点から「慰霊の日」に向かう新聞紙面（二〇〇八年六月一七～二三日）の分析を行う。この作業を進めるにあたり、沖縄という「地方」を強く特徴づける沖縄戦の記憶と米軍基地問題との連関を中心に据える。

まず、これまでの沖縄地方紙の報道、解説、論評、社説を見ると、沖縄戦の記憶に直接連関する問題や争点は、「集団自決」や「日本軍の行為と責任」といった戦時中の問題であり、また現在進行形の「教科書検定問題」であり、さらには沖縄戦の記憶の継承を主たる目的とする「平和教育」である。この時期には、「慰霊の日」の式典に関する記事もいくつか掲載されている。くわえて、アジア太平洋戦争、そして沖縄戦と間接的に連関する問題や争点と見なせるのが「靖国問題」と「従軍慰安婦問題」ということになる。

米軍基地問題と直接連関する問題や争点としては、「米軍再編」、「米軍基地と沖縄経済」、「米軍、米軍基地に

図 7-1　二つの争点群（「沖縄戦の記憶」と「米軍基地問題」）の連関

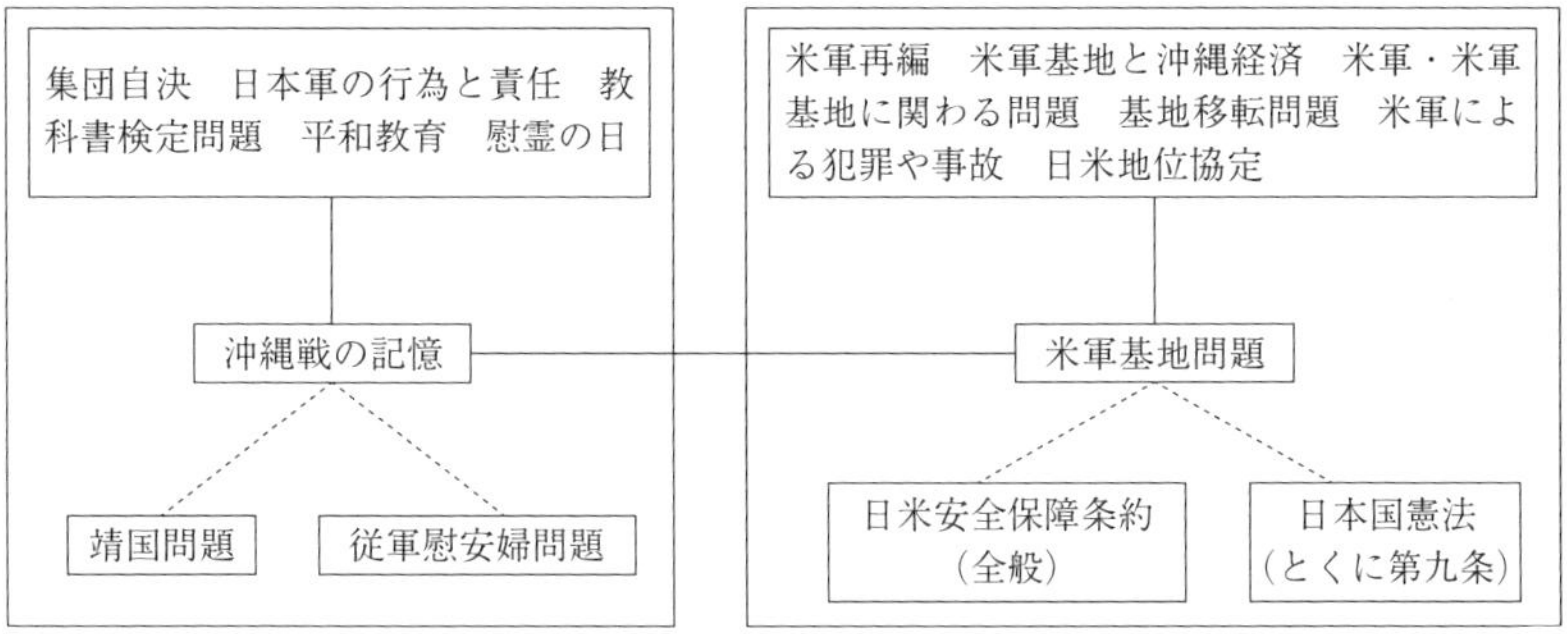

※各争点群の中の実線は直接的連関，破線は間接的連関を示している。

かかわる問題」（たとえば、騒音や事故、土地使用などの問題）、「基地移転問題」、「米兵による犯罪や事故」、そして「日米地位協定」である。さらに、この問題と間接的に連関する問題や争点は、「日米安全保障条約」と「日本国憲法（とくに第九条）」である。

そして、これら二つの問題・争点群、すなわち「沖縄戦の記憶」と「米軍基地問題」は、沖縄戦を含むアジア太平洋戦争の結果、米軍基地が沖縄に重点的に配備されたことから深くかかわるようになる（図7－1）。前者は沖縄戦の記憶を継承すべきという強い意識、ないしは使命感をもとに構成されている争点群であり、後者は米軍基地の縮小、さらには撤去を求めるという明確な要求の上に成立する争点群である。これらの意識や要求は、沖縄県民の多数によって共有されており、それがこの地方の特徴でもある。『琉球新報』と『沖縄タイムス』も同様の姿勢をとり、さらには両紙とも沖縄戦の記憶の継承、米軍基地の縮小・撤去という意識や要求が再生産される際に大きな役割を担ってきた。

こうした問題意識に立脚しながら、以下、沖縄地方紙の記事と紙面について検討する。

(2) 二〇〇八年六月一七～二二日

『琉球新報』

『琉球新報』の場合、「慰霊の日」の一週間前の六月一七日朝刊において沖縄戦関連の記事がいくつか掲載されている。なお、記事の後に記したのは問題や争点を分類したものである(この点は以下の記事に関しても同様。また、沖縄戦に関する記事の見出しすべてを掲げたわけではない)。ここでは、問題や争点を、①日本軍の行為と責任、②集団自決、③教科書検定、④平和教育、⑤靖国問題、⑥従軍慰安婦、⑦米軍、米軍基地にかかわる問題、⑧日米地位協定、⑨米兵による犯罪や事故、⑩基地移転、そして⑪慰霊の日、に分類している。なお、この日(六月一七日)から、特集「6・23企画、ねつ造された沖縄体験」が開始されている。

・「検定透明化、教科書協が非公開要請、執筆者にも守秘義務」(総合面、一面)―「教科書検定」

・特集「六・二三企画、ねつ造された沖縄体験①―問題は何か、軍事国家への世論操作、政府・国防族の狙いに本質(連載開始)」(文化面、一一面)―「教科書検定」、「集団自決」

・「大山小児童、對馬丸の悲劇追体験、生存者・平良さんが講話」、「視点 南風原陸軍壕公開一年、ガイドで着実な歩み、リピーター定着に課題も」、「壕追い出しの事実知る、喜屋武小児童が平和学習、沖縄戦の体験談聞く」(市町村面、二〇面)―「平和教育」

・特集「〝銃〟を向けた日本軍④一時米保護の夫婦銃剣で、軍への忠誠心失う」(社会面、二三面)―「日本軍の行為と責任」

・「『検定、文科省が左右』透明化逆行を懸念、教科書協非公開要請、文科相発言とも『矛盾』、県民大会関係者反応」(社会面、二三面)―「教科書検定」

ここで注目したいのは、こうした沖縄戦の記憶という争点群に組み入れられる記事が掲載されると同時に、以下に見るように、この日にやはり米軍や米軍基地、あるいは日米地位協定に関する問題の報道が積極的に行われていることである。

・「娯楽移動も免除正当、米軍レンタカー高速料金、公務の一環と主張、準機関紙に在日米軍見解『士気向上に貢献』」（総合面、一面トップ）――「米軍、米軍基地にかかわる問題」
・社説「地位協定秘密合意、国民を欺くに等しい行為だ」（社説・声面、五面）――「日米地位協定」
・「『普天間』・那覇港湾強制使用、県収用委に裁決申請」（社会面、二三面）――「米軍、米軍基地にかかわる問題」
・「強制使用認定で『違憲』訴え提訴、那覇地裁へ地主一四四人」（社会面、二三面）――「米軍、米軍基地にかかわる問題」

六月一八日の朝刊では、沖縄戦の記憶に関する記事や特集のほかに、それと間接的に連関する争点である「教科書検定」、および「靖国神社」に関連する以下に示す記事が掲載されたことが注目される。

・社説「教科書検定、審議公開で透明化促進を」（社説・声面、五面）――「教科書検定」
・「非公開は密室化進む、教科書協要請に抗議、検定問題で教科書ネット」（社会面、二三面）――「教科書検定」
・「『国に殉じていない』靖国神社合祀取り消し訴訟、初回弁論で原告訴え、那覇地裁」（社会面、二三面）――

「靖国問題」

六月二〇日の朝刊でも、やはり沖縄戦関連の出来事が数多く報じられたが（たとえば、特集「戦後六三年、体験・思いを継ぐ」）、従軍慰安婦関連の記事が一面トップに置かれ、関連する解説記事が社会面に掲載されたことが印象的である。また、この日から特集「沖縄戦、日本軍の法的責任」という連載が開始されている。

・「『慰安婦は看護婦に』英公文書で初確認、日本軍、敗戦後に命令、深い関与、裏付けか」（総合面）――「従軍慰安婦」

・解説「慰安婦公文書、存在隠す狙いか、法的責任認めぬ政府」――「従軍慰安婦」

・特集「沖縄戦、日本軍の法的責任（上）――戒厳令の条件満たす、施行されれば軍の権限制限」――「日本軍の行為と責任」

このようにして、沖縄戦の記憶を扱う「特集」の連載、その記憶の継承の現状を報じる記事、そして現在進行形の問題としての「教科書検定」、「靖国問題」、「従軍慰安婦」といった各問題や争点が報じられ、それらによって沖縄戦をめぐる「記憶の網」が構成されていること、逆から見ればそうした網の中に各問題や争点が位置づけられていることがわかる。

それに加えて、先に示したように、沖縄地方紙では米軍基地問題にかかわる出来事が日常的かつ頻繁に報じられており、沖縄戦をめぐる「記憶の網」と米軍基地問題をめぐる「記憶の網」が新聞紙面上で交差し、連関しているととらえられる。六月二一日の以下の三つの記事は、一面トップに「基地移転」の問題が、そして社説に

「従軍慰安婦」の問題がとりあげられており、こうした連関を象徴している。さらに、社会面では「慰霊の日、直前」に米軍の飛行部隊が大きな騒音を出したことを報じ、沖縄戦をめぐる記憶と米軍基地問題を直接に連関させる見出しを掲げている。

・「普天間移設、シュワブは適地、ライス司令長官、嘉手納で会見、沖合修正考えず、未明離陸Ｆ一五騒音、軽減に努力」（総合面、一面トップ）――「基地移転」
・社説「従軍慰安婦、恥ずべき旧軍の事実隠蔽」（社説・声面、五面）――「従軍慰安婦」
・「ヘリ編隊飛行、市街地に爆音、『慰霊の日』直前、苦情増、普天間に一五機帰還、市、騒音激化を懸念」（社会面、二三面）――「米軍、米軍基地にかかわる問題」

『沖縄タイムス』

『沖縄タイムス』の六月一七日朝刊では、沖縄戦の特集がやはり開始され、「慰霊の日」に向けての紙面づくりが目立つようになっている。

・特集「第一部　語りだす人々①　刻む、沖縄戦『集団自決』、幼子抱え『玉砕場』へ、二度とあんなことは」（総合面、一面トップ）――「集団自決」
・特集「フォト＆エッセー、慰霊の島の風景②　命のことば、証言者と共有」（文化面、一七面）――「慰霊の日」
・特集「戦後六三年、伝える『平和の詩』に嘉納君、平和記念資料館、メッセージ審査」（社会面、二二面）――「慰霊の日」
・「審議公開、会社側は慎重、教科書検定『公正性確保を』」（社会面、二三面）――「教科書検定」

この中の特集「戦後六三年、伝える」は、ある特定の問題や争点に関して報じるという内容ではなく、そこでは文字通り沖縄戦の記憶の継承にかかわる多種多様な問題、そして「慰霊の日」関連のさまざまな出来事やイベントが日々紙面で報じられている。なお、『沖縄タイムス』はこの日（六月一七日）、米軍や米軍基地問題、そして米兵による犯罪や事故に関しても以下に示すように積極的に報道している。

・「『グアム移転合意は失敗』スタックポール司令官、台風の多さ指摘」（総合面、一面）――「米軍、米軍基地にかかわる問題」
・「基地問題顧問、名護市が新設」（総合面、二面）――「米軍、米軍基地にかかわる問題」
・「普天間基地など二二筆の裁決申請、沖縄防衛局、県収用委に」（総合面、二面）――「米軍、米軍基地にかかわる問題」
・「米兵事件一二四四八件、裁判放棄、六二―六三年、日米密約、統計が裏づけ」（総合面、二面）――「米兵による犯罪や事故」
・「強制使用認定で地主ら国を提訴『普天間』内土地で」（社会面、二三面）――「米軍、米軍基地にかかわる問題」

それに加えて、六月一九日から夕刊社会面では三回にわたり「静穏願い届くか、普天間爆音訴訟判決」という特集が組まれた。おのおのの見出しは以下の通りであり、これらはいずれも「米軍、米軍基地にかかわる問題」に属するものである。

・第一回「『鎮魂』」裂く米軍ヘリ、昼夜問わぬ訓練、心身の健康むしばむ」（六月一九日）
・第二回「家族のため闘い続け、二〇年越しの訴え」（六月二〇日）
・第三回「頭上飛行、重い心的被害、ヘリ墜落の恐怖」（六月二一日）

このうち、第一回目の記事は二〇〇六年の「慰霊の日」の米軍ヘリコプターの騒音問題をとりあげたものである。ただし、この記事は『琉球新報』の前掲の記事「ヘリ編隊飛行」（六月二一日朝刊、社会面）と同様の観点に立っている。すなわち、沖縄県民にとって重要な意味をもつ六月二三日という「慰霊・鎮魂」の日が近づいているにもかかわらず、米軍がそれを考慮することなく活動していることに対する不満、ないしは抗議の姿勢が表明されている。こうした観点は、沖縄戦の記憶と米軍基地問題が直接に連関することを示している。

また、朝刊の総合面では六月二一日から「『アメとムチ』の構図　普天間移設の内幕　第二部」がやはり三回にわたって特集された。その見出しは以下の通りであり、これらもまた「米軍、米軍基地にかかわる問題」に属するものである。

・第一回「『環境』『沖合』で攻防、迷走する米軍再編、国、守屋後はソフト路線に」（六月二一日）
・第二回「普天間移設の内幕、合意記念、図面に署名、ミニ2プラス2、メア氏『V字実行の論拠に』」（六月二二日）
・第三回「矛盾はらむ沖合移動、未明の交渉、メア氏『より環境に影響』」（六月二三日）

『沖縄タイムス』は、このように米軍基地問題に関しても特集を組み、この問題の重要性を繰り返し訴えている。そして、その訴えは「慰霊の日」の特集を連動することで、やはりここでも沖縄戦の記憶と連関しているととらえられるのである。

(3) 二〇〇八年六月二三日(慰霊の日)

「慰霊の日」の沖縄地方紙は、沖縄戦の記憶に関する記事で埋めつくされていると言っても過言ではない(ただし、『沖縄タイムス』のこの日の朝刊の一面トップは「県人移民、ブラジル・アルゼンチン、一〇〇周年」を祝う記事であった)。ここで注目すべきは、六月二三日の紙面では、以下で見るように、当然のことながら沖縄戦の記憶に関する記事が数多く掲載され、その中に米軍基地問題が配置されるという構図になっている点である。

『琉球新報』

まず『琉球新報』の紙面から、関連する記事の見出しを一面から順に以下に掲げておく(朝刊、全二八頁)。

・痛み悲しみ、六三年、沖縄戦激戦地、那覇市真嘉比、日本兵の全身骨、砲弾破片、お守りの観音像も(総合面、一面)

・沖縄戦終結六三年「山積する『負の遺産』不発弾処理、重い市町村負担、国の責任で処理要望」(総合面、三面)

・沖縄戦終結六三年「慰霊の日、県内政党談話。自民党県連、社民党県連、公明党県本、社大党、共産党県委、政党そうぞう、民主党県連、国民新党県連」(総合面、三面)

・声、慰霊の日特集(社説・声面、五面)

・論壇「『慰霊の日』摩文仁の丘から世界へ、伝えたい不戦と平和の心」（野島雅安）（社説・声面、五面）
・社説「慰霊の日、逃げ惑わない平穏な島に、語り継ぎたい沖縄戦の実相」（社説・声面、五面）
・「母の沖縄戦 空襲に追われ伊江島へ、戦中戦後と苦労続く」（山根光正）（社説・声面、五面）
・沖縄戦終結六三年「特集「ゆがむ史実『軍国の影』、有事と住民 沖縄戦から見た日本の今」（特集面、一五～一六面）
・世界平和遺産クロニクル、戦世からの道具の証言⑮「沖縄一九四五年、手榴弾、『命令書』なき軍の殺意」（村瀬春樹、ゆみこ・ながい・むらせ）（文化面、二一面）
・特集「沖縄戦、日本軍の法的責任（中）住民虐殺、法に則らず、天皇大権も犯す越権行為」（文化面、二一面）
・沖縄戦終結六三年「不戦を誓う、悲劇忘れず」（市町村面、二四面）
・沖縄戦終結六三年「心に刻む平和、語り継ぎ、誓い、各地で」（社会面、二六面）
・沖縄戦終結六三年「向き合う歴史、若者も戦中派も絶句」（社会面、二七面）

このように沖縄戦に関する実に多くの記事を掲載することで、「慰霊の日」の紙面は構成されている。この問題はおもに沖縄県内で取材したさまざまな素材を用いて報じられ、論じられている。そして、「沖縄戦終結六三年」という統一テーマを掲げることで、各記事の関連づけが行われている。それと同時に、ここでも強調すべきは、以下に示すように、米軍基地問題に関する記事がやはり「沖縄戦終結六三年」のテーマのもとに掲載されていることである。

・沖縄戦終結六三年「根本解決なお遠く、既存の枠組みに限界、内閣府積極姿勢なく、旧軍費工場用地問題」

（総合面、二面）

・沖縄戦終結六三年「補償求め提訴へ、石垣市白保地主会、現状解決見込めず」（総合面、二面）

このことから、前述した沖縄戦の記憶と米軍基地問題の争点連関が、この「慰霊の日」においても積極的に行われていることがわかる。

『沖縄タイムス』

つぎに『沖縄タイムス』の紙面から、「慰霊の日」に関連する記事の見出しを、やはり一面から順に以下に掲げてみよう（朝刊、全二二頁）。

・「きょう『慰霊の日』沖縄戦犠牲者悼む」（総合面、一面）

・「慰霊の日、政党コメント。自民党県連、社民党県連、共産党県委、公明党県本、民主党県連、社大党、政党『そうぞう』、国民新党」（総合面、二面）

・「わたしの主張、あなたの意見 慰霊の日特集」（オピニオン面、五面）

・論壇「沖縄戦の教訓に学べ、『捨て石』作戦で住民に犠牲」（渡久山勇）（オピニオン面、五面）

・社説「バトンは私たちの手に きょう『慰霊の日』」（オピニオン面、五面）

・「『まだ野にある遺骨』全員判明まで戦争は終わらず」（金城宏幸）（オピニオン面、五面）

・特集「フォト＆エッセー、慰霊の島の風景⑥、同時代生きていると実感」（文化面、一〇面）

・特集「戦後六三年、伝える 命の重さ文字に刻み、玉城小で集会、戦没者二三万『人』を実感、書く手に反戦平和の思い」（市町村面、一六面）

・特集「戦後六三年、伝える『集団自決』の話、園児ら『悲しい』、お年寄りらが体験談、渡嘉敷幼稚園、平和学習」（市町村面、一七面）
・特集「戦後六三年、伝える　戦争を知らない世代へ継承、平和の誓い新た、追悼の火消すまい」（社会面、二六～二七面）

『沖縄タイムス』は、以前から掲載していた特集「戦後六三年、伝える」に属する記事が紙面を埋め、沖縄戦を中心とした紙面構成を行っている。また、『琉球新報』と同様、米軍基地問題に関する記事、たとえば前掲の特集「『アメとムチ』の構図　普天間移設の内幕　第２部」（第三回）を掲載したが、それ以外にも以下の出来事を報じている。

・「不発弾処理、負担前向き、岸田沖縄相、姿勢示す」（総合面、二面）
・「米軍軍機訓練移転、本年度一〇回程度、防衛省計画」（総合面、三面）

これらの紙面構成から、沖縄戦の記憶と米軍基地問題の争点連関は、『沖縄タイムス』の紙面でも行われていることがわかる。

(4) 沖縄地方紙の主張と特徴

「慰霊の日」にかかわるさまざまな報道を見ると、全国紙と比べ沖縄地方紙の記事量は当然のことながらはるかに多く、紙面に占める割合も非常に高くなっている。それは単に記事量だけの問題ではなく、沖縄という「地方」、そして『琉球新報』と『沖縄タイムス』という沖縄地方紙が有する沖縄戦、そしてアジア太平洋戦争に関する記憶の厚みの表れと言える。そうした記憶は、たしかに悲惨な戦争体験を継承すべきという強い意識によって支えられているが、同時に米軍基地問題という現在進行形の問題に日常的に刺激されながら更新され、再生産されているととらえられる。

そして、これまで概観してきた沖縄地方紙の紙面構成、記事内容はいくつかのことを教えてくれる。第一に、連載や特集も含むこれらの記事の多くが、全国紙とは大きく異なり、「慰霊の日」の約一週間前というかなり早い段階から開始されていることである。比喩的に言うならば、多くの戦争証言や資料を扱った記事が、沖縄の「終戦記念日」である六月二三日の「慰霊の日」を目指して湧き上がり、追悼式典に向けて流れ込んでいるようにさえ見えるのである。その集約点、あるいは着地点として、六月二三日の社説が存在している。『琉球新報』の社説は、「慰霊の日、逃げ惑わない平穏な島に、語り継ぎたい沖縄戦の実相」と題し、「集団自決」問題に関して次のような主張を展開した。

残念なことに、沖縄戦の実相を伝えることを拒むかのような動きがくすぶっている。教科書検定問題が顕著な例だ。……検定意見の撤回要求は譲れない一線であり、県民の総意といっていいだろう。昨年末の検定審議会で一定の記述回復が図られ、決着した形だが、歴史観をめぐる論争はせめぎ合いが続く。

同様の主張は、「今日『慰霊の日』、バトンは私たちの手に」と題した『沖縄タイムス』の社説(六月二三日)にも見られる。

教科書検定問題で、文部科学省は「集団自決」について、軍の関与を示す記述の復活は認めた。が、「軍の強制」という表現は、どの教科書にも盛り込まれなかった。体験者たちが、絞り出すように語り始めた背景には、多くの人々の身を削るような証言を顧みない動きに対する怒りがある。

第二に、たとえば『琉球新報』の「パンドラの箱を開ける時、沖縄戦の記録」のように、この問題に関しては数か月にも及ぶ長期連載が行われていることがあげられよう。この種の連載記事は、新たな証言や史料・資料の発掘とともに、沖縄戦に関する記憶の継承を目的としているのは言うまでもない。これらの記事を通じて、沖縄社会では沖縄戦の記憶が「日常生活」の中で再生産され、更新されているのである。

上記の点と関連して第三に、米軍基地問題が沖縄戦に関する「記憶の網」の中で報道され、沖縄県民に受容されているととらえられることである。断続して生じる米兵の犯罪、そして米軍が引き起こす事故にしても、そうした網の中で解釈され、沖縄戦の記憶と連動していると考えられる。「教科書問題」も同様である。沖縄戦の「記憶の網」を構成するさまざまな要素は、何か事件や出来事が生じるたびに互いに連関し、そして共鳴する。新たに生じた出来事は、その過程で記憶の網の中に組み入れられ、蓄積され、類似の出来事が生じたときには想起され、動員される。そうしたメカニズムの中で米軍基地問題は更新されつつ、存在すると見ることができる。前述したように、実際、『沖縄タイムス』は「静穏、願い届くか、普天間爆音訴訟判決」という特集を六月一九日（夕刊）から開始した。その冒頭の文章は、「二年前の慰霊の日の前日、平和を願うコンサートは、米軍のヘリの騒音にかき消された」というものである。

このように『琉球新報』と『沖縄タイムス』は、おもに沖縄社会の中で沖縄戦、さらにはアジア太平洋戦争の記憶の継承という点では大きな役割を担い、それとの関連で米軍基地の問題を日常的に提起している。この意味では、争点連関という観点は、この問題を考察するうえで有力な用具のひとつだと言える。日常的には、沖縄地方紙は沖縄戦の記憶にかかわる出来事やイベントに関して非常に熱心に報道しているものの、やはり沖縄県民の日常に直結し、毎日のように出来事や事件が生じる米軍基地問題に関する報道のほうが目立っている。ところが、「慰霊の日」が近づくにつれ、沖縄戦をめぐる「記憶の網」が沖縄地方紙の紙面の中でその姿を明確にし始め、米軍基地に関するさまざまな争点はその「記憶の網」との連関の中で、いっそう歴史的な意味を帯び始める。こうした動態的な過程の中で、沖縄社会における支配的価値観、そして沖縄の「地方文化」は再形成ないしは再生産されていると思われるのである。

9 むすび

沖縄の米軍基地は、東アジアの安全保障にとって「要」と言われる。たしかに朝鮮半島（あるいは台湾）といった国際政治の「火薬庫」をもつ東アジアの平和や安定にとって米軍の存在が不可欠という前提に立つならば、米軍基地のそうした位置づけは妥当性をもつ。これまで朝鮮戦争、ベトナム戦争、そして湾岸戦争、アフガン戦争、イラク戦争において沖縄の米軍基地が果たした役割にはきわめて大きなものがある。沖縄の米軍基地はまさに「戦争の基地」であり、その「基地」は沖縄県民にとっては日常的な存在であり続けてきた。ここに「国際政治」の力学の中の基地問題という側面がある。

米軍基地の存在が日米関係においても重要な役割を担ってきたのは周知の通りである。もちろん、それは沖縄だけに限定されることではない。さまざまな財政上の優遇措置と米軍基地の機能強化という問題は、基地を抱える「本土」の各地域社会にとっても重要な問題であり、争点となってきた。たとえば、二〇〇八年二月一〇日に米軍岩国基地の機能強化を主たる争点として実施された岩国市長選挙はその典型的な例と言える。とはいえ、「本土」の基地の機能は沖縄のそれと比べればかなりの差がある。沖縄の米軍基地のもつ戦略上の意味合いはきわめて大きく、そのぶん日米関係における比重も高くなり、日本の「国内政治」における重要度も大きくなっている。

同時に注目すべきは、これまで検討した沖縄の地域・地方政治における米軍基地の位置と意味づけである。本章では沖縄戦を中心とする「記憶の網」の中にある米軍基地という表現をたびたび用いてきたが、「本土」の米軍基地問題は通常はそれとは異なる様相を見せている。たとえば、前掲の岩国市長選挙に関する『中国新聞』の社説「米軍岩国基地、再び迫られる重い選択」は次のように述べている。

> 米軍との一体化路線を強める国の防衛政策に翻弄（ほんろう）される地域の苦悩は、今後も続きそうだ。どこまでなら我慢できて、どこからは受け入れを拒むべきなのか。こうした「受忍限度」の論議も含め、地域の明日を見つめ直す必要がある（二〇〇八年一月三日）。

ここでとりあげられているのは、もっぱら「基地問題」である。そこでは、たとえば憲法問題、教科書問題、さらには戦争の記憶の継承といった問題と基地問題は直接には結びつけられていない。これは歴史的経緯や現状を考えれば首肯できるが、そこに基地問題と戦争の記憶をつねに連関させる姿勢をとる沖縄との重大な差異を見出すのは容易である。沖縄において米軍基地問題は、まさに沖縄戦を中心とする戦争の「記憶の網」の中に存在するのであり、その点にこそ「本土」との「温度差」の重要な要因が認められるのである。

注

（1）この点は、たとえば、文学の領域における「明治の作家たちはとくに田舎出身の人が多いですが、それが全部東京に出てきますね」（大岡信ほか 1999：54）という極端な発言に象徴的に見られる。

（2）なお地域コミュニケーションについて考察するにあたり、グローバルないしは国家のレベルのコミュニケーションと比較する際、以下の四項目が分析対象としてあげられている（Lang 2004：154, 174-75）。第一は「認知的次元」である。この次元は、地域の公的空間の歴史と状況をめぐって共有された知識と関連する。第二は「象徴的次元」であり、これは地域性の一部を構成する経験を指す。この領域で、地域住民は特定の文化的、社会的、政治的な実践を共有する。たとえば、地域単位のスポーツ・イベントや祭りなどが象徴的次元に相当し、それらは地域の統合に役立つ。第三は「相互作用の次元」であり、これは比較的「対面的」な相互作用、そして対人コミュニケーションを提供する地域を指す。第四は「民主主義の次元」であり、これは地域住民に内在する民主主義の側面での潜在力を指す。こうした潜在力は、地域住民が政治コミュニケーションや政治参加のフォーラムに容易にアクセスすることで発揮される。

（3）ただし、「保守派」の戦争観も、とくに一九九〇年代以降、「第一は、右翼勢力がいまだに固執している『大東亜戦争』の全面肯定論に同調している復古的ナショナリズムであり、第二は、アジアに対する侵略は認め、欧米に対しては『自衛戦争』だったとする反欧米的なアジア主義、そして第三には、アジア太平洋戦争全体の侵略性を認めようとする穏健保守の立場など」（油井 1996：43）に分岐してきたことが指摘されている。

（4）そのことは、米軍厚木基地（神奈川県）から岩国基地（山口県）への米空母艦載機移転計画をめぐって二〇〇六年三月一二日に実施された岩国市の住民投票に関する報道からも言える（結果は、反対が四万三四三三票、賛成が五三六九票、無効が八七九票）。たとえば、『朝日新聞』は「オピニオン」欄で「（三者三論）岩国住民投票、国策と民意」と題し、三人（当事者と識者）の主張を掲載したが、それは「地域の声、尊重し議論を岩国市議・田村順玄氏」、「国の専管、実現を目指す 自民党安全保障調査会長・山崎拓氏」、「制度改善へ工夫こ

らせ 東京大公共政策大学院院長・森田朗氏」というものであった。その内容は、住民投票の妥当性と、国政に対する投票結果の影響の問題にもっぱら焦点が当てられていた。

あとがき

村上春樹は河合隼雄との対談の中で、自分の作品を三つの段階に分けて説明したことがある（『村上春樹、河合隼雄に会いに行く』岩波書店、一九九六年）。それは、第一段階としての「デタッチメント（社会と関わらない）」、第二段階としての「ストーリー・テリング（物語り）」、そして第三段階としての「コミットメント（社会と関わる）」である。『ねじまき鳥クロニクル』以降の作品が、ここで言う第三段階にあたる。この第三段階へと村上を押し上げたもの、それは一九九五年に生じた「阪神・淡路大震災」（一月一七日）と「地下鉄サリン事件」（三月二〇日）であった。

本書は二〇一一年三月一一日に「東日本大震災」が生じてから、約三年後に出版される。私が専門にしている政治コミュニケーション論やジャーナリズム論が、村上の言うデタッチメントということはありえず、また許されないことは十分承知している。私自身、社会と深く関わることを強く意識しながら本書を書き進めてきたつもりである。実際、本書を執筆しているあいだ、いつも私に重くのしかかっていたのは、長年、水俣病事件に正面から取り組み、患者の救済に生涯を捧げた原田正純の次の言葉であった（『朝日新聞』二〇一一年五月二五日）。

原田は「福島第一原子力発電所の深刻な事故を、どう受け止めましたか」という問いに、「懲りてないねえ」という印象的かつ簡潔な言葉で答え、続けて「水俣病では、政府も産業界も学者も、安全性の考え方を誤ったんです。……危険が起きる前に危険を予測し、対策を立てられるはずだった。五〇年たっても教訓は生かされていない。今回、最初はぼくも天災だと思った。でもだんだんわかってくると、やはり人災だった。大地震が起きたり大津波が来たりしたら原発は危ない、と予告した科学者はいた。だから科学が無能、無力ではなかった。ただ、その指摘を無視してきたわけですよ」と述べた。これは、メディアのみならず、社会の中で繰り返し想起されるべき発言と考える。

本書の前半の三つの章は、これまで私自身が『政治コミュニケーション』（勁草書房、一九九八年）、『ジャーナリズムとメディア言説』（同、二〇〇五年）で行った理論的考察を深めることを試みたものである。これらの章では新たな視点をいくつか提示してはみたが、前掲の二冊で展開した理論をはるかに超える水準に到達することはできなかったというのが率直な感想である。同じ場所をぐるぐる回ってしまったのかもしれない。後半の四つの章では、自衛隊のイラク派遣と憲法問題、水俣病事件、沖縄基地問題と「慰霊の日」に関して主に新聞記事を用いて分析してみたが、戦後日本社会が抱え続けてきたこれらの問題や争点の大きさ、根深さ、そして参照すべき資料や文献の多さに圧倒され続けてきたというのが偽らざる気持ちである。

それでも本書が、社会に対して私なりにコミットした結果であることは間違いない。本書で取り上げた問題や争点は、私が長いあいだつねに意識し続けてきたものである。ここ一〇年のあいだ、私は、水俣、沖縄、そして広島、長崎を訪れ、資料収集を行うとともに、そうした場所や空間に身をおくことで、さまざまな思いをめぐらせてきた。そうした思いが、本書を手にとってくださった皆さんに少しでも伝えることができればというのが、私の願いである。

本書の各章は、後掲の初出一覧に示したように、これまで発表してきた論文に大幅な修正や加筆を施したものである。転載を快諾して下さった、世界思想社、日本評論社、ミネルヴァ書房、藤原書店、法政大学出版会、慶應義塾大学出版会、そして法政大学社会学部、三田社会学会、慶應義塾大学法学研究会、に対して御礼申し上げる。なお、第5章と第6章は共同研究『水俣病事件報道のメディアテクストとディスクールにかんする研究』(文部科学省科学研究費)の成果の一部である。また、第7章は慶應義塾大学メディア・コミュニケーション研究所の研究プロジェクト「ジャーナリズムと民主主義」の成果の一部である。

最後になるが、私のこれまでの研究生活に刺激や影響を与えて下さったすべての方々に、この場を借りて心から謝意を表したい。

勁草書房編集部の上原正信氏には、前著『ジャーナリズムとメディア言説』に続いて、企画から出版に至るまで、また原稿の内容や表現の修正に関しても、本当にお世話になった。厚く御礼申し上げる。

そして、亡父・勝男、母・なか子、妻・智美、二人の息子・遼と潤には、やはり感謝の気持ちを伝えたい。

大石　裕

索　引

マ行

ヤ行

ラ行

引用・参考文献

日本語

明田川融（2008）『沖縄基地問題の歴史』みすず書房。

朝日新聞報道取材班（1996）『戦後五〇年 メディアの検証』三一書房。

アドーニ，H. & メイン，S.（1984 = 2002）「メディアと現実の社会的構成」（大石裕訳），谷藤悦史＝大石裕編訳『リーディングス 政治コミュニケーション』一藝社，143-62 頁。

アドルノ，T. & ホルクハイマー，M.（1947 = 1990）『啓蒙の弁証法』（徳永洵訳）岩波書店。

阿部斉ほか（1967）『政治』東京大学出版会。

新井直之（1979）『新聞戦後史』双柿舎。

アルヴァックス，M.（1950 = 1989）『集合的記憶』（小関藤一郎訳）行路社。

飯島伸子（1984）『環境問題と被害者運動』学文社。

五十嵐仁（1998）『政党政治と労働組合運動』お茶の水書房。

池澤夏樹（2003）『イラクの小さな橋を渡って』岩波書店。

石川准（1992）『アイデンティティ・ゲーム』新評論。

石田雄（1961）『現代組織論』東京大学出版会。

石田雄（2000）『記憶と忘却の政治学』明石書店。

石原千秋ほか（1991）『読むための理論』世織書房。

石原昌家（2002）「沖縄県平和祈念資料館と『平和の礎』の意味するもの」石原昌家ほか『争点・沖縄戦の記憶』社会評論社，308-23 頁。

石牟礼道子（1968）『苦海浄土』講談社。

伊藤守（2005）「住民投票をめぐるメディアの言説」伊藤守ほか『デモクラシー・リフレクション』リベルタ出版，211-59 頁。

宇井純（1971）『公害言論 I』亜紀書房。

上田穣一編（1981）『熊本県労働運動史年表』熊本県労働組合総評議会。

内山融（2007）『小泉政権』中公新書。

ヴァン・デ・ドンクほか（2004 = 2009）『サイバープロテスト』（尾内達也訳）皓星社。

NHK 取材班（1995）『戦後五〇年 そのとき日本は，第二巻』日本放送出版協会。

NHK 放送世論調査所（1982）『図説戦後世論史（第二版）』日本放送出版協会。

大井浩一（2010）『六〇年安保』勁草書房。

大石裕（1998）『政治コミュニケーション』勁草書房。

大石裕（2005）『ジャーナリズムとメディア言説』勁草書房。

大岡信ほか編（1999）『近代日本文学のすすめ』岩波文庫。

大嶽秀夫（2007）『新左翼の遺産』東京大学出版会。

大田昌秀（1975）「新聞・放送」沖縄県編『沖縄縣史　第 5 巻，文化 1』沖縄県，463-543 頁。

大畑裕嗣ほか（2004）『社会運動の社会学』有斐閣。

大森弥（1979）「政策」『年報政治学』30 巻，岩波書店，130-42 頁。

大山礼子（1999）「住民投票と間接民主制」新藤宗幸編著『住民投票』ぎょうせい，97-126 頁。

岡田直之（2001）『世論の政治社会学』東京大学出版会。

小野道浩ほか（1980）『総評労働運動三〇年の歴史』労働教育センター。

片桐新自（1995）『社会運動の中範囲理論』東京大学出版会。

鹿野政直（1994）「周辺から，沖縄」歴史学研究会編『国民国家を問う』青木書店，134-200 頁。

蒲島郁夫（1988）『政治参加』東京大学出版会。

鎌田慧（2002）『地方紙の研究』潮出版社。

川上武（1970）「公害と医療」『公害と労働運動』労働旬報社，20-29 頁。

ギデンズ，A.（1998 = 1999）『国民国家と暴力』（松尾精文・小幡正敏訳）而立書房。

熊本学園大学水俣学研究センター（2009）『新日本窒素労働組合 60 年の軌跡』

熊本日日新聞編集局（2006）『水俣病 50 年』。

ケニー，M.（2004 = 2005）『アイデンティティの政治学』（藤原孝ほか訳）日本経済評論社。

合化労連新日窒水俣労働組合（1962）『安定賃金闘争の闘い斗い――全国のなかまに恥ずかしくない斗いを：1962 年春斗』。

合化労連新日窒労組教宣部（1973）『安賃闘争』。

香西泰（1981）『高度成長の時代』日本評論社。

小林直毅（2004）「水俣病事件報道にかんする批判的ディスクール分析の試み」原田正純・花田昌宣編『水俣学 研究序説』藤原書店，117-60 頁。

小林直毅（2007）「『水俣』の言説的構築」同編著『「水俣」の言説と表象』藤原書店，15-72 頁。

佐藤卓己（2008）『輿論と世論』新潮社。

佐藤俊樹（2006）「閾のありか」佐藤俊樹・友枝敏雄編著『言説分析の可能性』東信堂，3-26 頁。

塩田庄兵衛（1982）『日本社会運動史』岩波書店。

塩原勉（1976）『組織と運動の理論』新曜社。

重松清（2011）「ずっと，後悔について書いてきました」木村俊介編『物語論』講談社現代新書，49-56 頁。

篠原一（1977）『市民参加』岩波書店。

柴田鉄治（2000）『科学報道』岩波書店。

シーバート，F.（1956 = 1959）『マス・コミの自由に関する四理論』（内川芳美訳）東京創元社。

清水慎三（1966）『戦後革新勢力』青木書店。

シャンパーニュ，P.（2001 = 2004）『世論をつくる』（宮島喬訳）藤原書店。

新日本窒素水俣工場新労働組合（1963）『やっぱり私たちは正しかった』。

菅原琢（2011）「スケープゴート化する世論調査，専門家不在が生む不幸な迷走」『ジャーナリズム』1 月号，18-29 頁。

鈴木督久ほか（2011）「各紙の世論調査専門家が世論調査への批判に応える（座談会）」『ジャーナリズム』1 月号，4-17 頁。

セルトー，M.（1974 = 1990）『文化の政治学』（山田登世子訳）岩波書店。

総評四十年史編纂委員会編（1993）『総評四十年史』第一書林。

高畠通敏（1979）「大衆運動の多様化と本質」『年報政治学 五五年体制の形成と崩壊（1977 年度）』323-59 頁。

高峰武（2004）「水俣病とマスコミ」原田正純編『水俣学講義』日本評論社，123-62 頁。

タックマン，G.（1978 = 1991）『ニュースの社会学』（鶴木眞・櫻内篤子訳）三嶺書房。

玉木研二（2005）『ドキュメント沖縄 1945』藤原書店。

タロー，S.（1994 = 2006）『社会運動の力』（大畑裕嗣監訳）彩流社。

ダール，R.（1991 = 1999）『現代政治分析』（高畠通敏訳）岩波書店。

千葉眞（2000）『デモクラシー』岩波書店。

チョムスキー，N & ハーマン，E.（2002 = 2007）『マニュファクチュアリング・コンセント（Ⅰ）』（中野真紀子訳）トランスビュー。

辻村明・大田昌秀（1966）『沖縄の言論』至誠堂。

冨山一郎（2006）『戦場の記憶（増補）』日本経済評論社。

野宮大志郎（2002）「社会運動と文化」同編著『社会運動と文化』ミネルヴァ書房，1-26 頁。

野家啓一（1993）『言語行為の現象学』勁草書房。

野家啓一（2005）『物語の哲学』岩波書店。

橋爪大三郎（2006）「知識社会学と言説分析」佐藤俊樹・友枝敏雄『言説分析の可能性』東信堂，183-204 頁。

橋本道夫編（2000）『水俣病の悲劇を繰り返さないために』中央法規。

花田昌宣（2009）「新日窒労組と水俣学研究資料の意味」熊本学園大学水俣学研究センター『新日窒労働組合 60 年の軌跡』5-10 頁。

林利隆（2006）『戦後ジャーナリズムの思想と行動』日本評論社。

原寿雄（1997）『ジャーナリズムの思想』岩波書店。

バルト，R.（1985 = 1988）『記号学の冒険』（花輪光訳）みすず書房。

ひめゆり平和祈念資料館、資料委員会（2004）『ひめゆり平和祈念資料館ガイドブック』（財）沖縄県女師・一高女ひめゆり同窓会。

平井陽一（2000）『三池争議』ミネルヴァ書房。

ファン・デ・ドンク，W. ほか編（2004 = 2009）『サイバー・プロテスト』（尾内達也訳）晧星社。

フィスク，J.（1987 = 1996）『テレビジョン・カルチャー』（伊藤守ほか訳）梓出版社。

福間良明（2003）『辺境に映る日本』柏書房。

藤竹暁（2002）『ワイドショー政治は日本を救えるか』ベストセラーズ。

藤田弘夫（1990）『都市と国家』ミネルヴァ書房。

藤田弘夫（1991）『都市と権力』創文社。

ブルデュー，P.（1980 = 1991）『社会学の社会学』（田原音和監訳）藤原書店。

ベル，D.（1960=1969）『イデオロギーの終焉』（岡田直之訳）東京創元社。

保阪正康（1986）『六十年安保闘争』講談社。

本間義人（1979）『公害裁判』教育社。

毎日新聞社編（1996）『岩波書店と文藝春秋』毎日新聞社。

マクウェール，D.（2005 = 2010）『マス・コミュニケーション研究』（大石裕監訳）慶應義塾大学出版会。

マコームズ，M.（1991 = 1994）『ニュース・メディアと世論』（大石裕訳）関西大学出版部。

松崎次夫（1970）「俺たちと水俣病闘争」『賃金と社会保障（旬刊）』8 月 25 日号，4-10 頁。

松下圭一（1969）『現代政治の条件』中央公論社。

松永勝利（2002）「新沖縄県平和資料館問題と報道」石原昌家ほか『争点・沖縄戦の記憶』社会評論社，131-210 頁。

間庭充幸（1990）『日本的集団の社会学』河出書房新社。

水俣市史編さん委員会（1991）『新水俣市史（下）』ぎょうせい。

峰久和哲（2010）「新聞の世論調査手法の変遷」『マス・コミュニケーション研究』77 号，39-58 頁。

宮崎勇（1989）『日本経済図説』岩波書店。

宮沢信雄（1972）「水俣病患者と新聞記者」『新聞研究』6 月号，25-27 頁。

メルッチ，A.（1989 = 1997）『現在に生きる遊牧民（ノマド）』（山之内靖ほか訳）岩波書店。

森茂（1970）「『水俣病』を追って」『新聞研究』7 月号，58-59 頁。

門奈直樹（1996）『アメリカ占領時代・沖縄言論統制史』雄山閣。

山口定（1985）「戦後日本の政治体制と政治過程」三宅一郎ほか『日本政治の座標』有斐閣，57-170 頁。

山口定（1989）『政治体制』東京大学出版会。

山腰修三（2012）「沖縄問題と市民意識」大石裕編著『戦後日本のメディアと市民意識』ミネルヴァ書房，121-49 頁。

山下善寛（2004）「チッソ労働者と水俣病」原田正純編『水俣学講義』日本評論社，73-95 頁。

油井大三郎（1996）『日米戦争観の相剋』岩波書店。

吉見俊哉（2007）『親米と反米』岩波書店。

リオタール，F.（1979 = 1986）『ポストモダンの条件』（小林康夫訳）水声社。

琉球新報百年史刊行委員会（1993）『琉球新報百年史』琉球新報社。

琉球政府編（1971a）『琉球縣史：第 8 巻 沖縄戦通史』琉球政府。

琉球政府編（1971b）『琉球縣史：第 9 巻 沖縄戦記録』琉球政府。

労働省労働統計調査部（1961）『労働白書 一九六一年版』労働法令協会。

労働省労働統計調査部（1963）『労働白書 一九六三年版』労働法令協会。

労働省労働統計調査部（1964）『労働白書 一九六四年版』労働法令協会。

渡辺登（2005）「住民投票が問いかけたもの」伊藤守ほか『デモクラシー・リフレクション』21-33 頁。

英語

Casey, B. et al.（2002）*Television Studies*, Routleadge.

de Beus, J.（2011）“Audience Democracy,” in Brants, K. and Voltmer, K.（eds.）, *Political Communication in Postmodern Democracy*, Palgrave Macmillan, 19–38.

Edger, A. and Sedgwick, P.（eds）（2002）*Cultural Theory*, Routeledge.

Entman, R. M（1993）“Framing towards Clarification of Fractured Paradigm,” *Journal of Communication*, vol. 43, No. 4, 51–58.

Entman, R. M. and Herbst, S.（2001）“Reframing Public Opinion as We Have Known It,” in Bennett, W. L. and Entman, R. M.（eds.）, *Mediated Politics: Communication in the Future of Democracy*, 203–25, Cambridge University Press.

Ettema, J.（2010）“News as Culture,” in Allan, S.（eds）, *The Routledge Companion to News and Journalism, Routledge*, 289–300.

Fairclough, N.（1995）*Media Discourse*, Edward Arnold.

Fairclough, N.（1998）“Political Discourse in the Media,” in Bell, A. and Garrett, P.（eds.）, *Approaches to Media Discourse*, Blackwell Pub., 142–62.

Franklin, et al,（2005）*Key Concepts in Journalism Studies*, Sage Pub.

Hall, S.（1980）“Encoding/Decoding,” in Hall, S. et al.（eds.）, *Culture, Media, Language*, Hutchinson.

Hallin, D. C.（1989）*The “Uncensored War”*, Univ. of California Press.

Johnston, H. et al.（1994）*New Social Movements*, Temple Univ. Press.

Johnstone, B（2002）*Discourse Analysis*, Blackwell Pub..

Lang. S,（2004）“Local Political Communication”, in Esser, F. and Pfetsch, B.（eds）, *Comparing Political Communication*, Cambridge Univ. Press, 151–183.

Lilleker, D. G.（2006）*Key Concepts in Political Communication*, Sage Pub.

Louw, E.（2005）*The Media and Political Process*, Sage Pub.

Lukes, S.（2005）*Power*, Palgrave Macmillan.

McCombs, M and Reynolds, A.（2002）“News Influence on Our Pictures of the World,” in Bryant, J. and Zillann, D.（eds.）, *Media Effects*（2nd ed.）, Lawrence Erlbaum Associated, 1–18.

McCombs, M.（2004）*Setting the Agenda*, Sage Pub.

McCullagh, C.（2002）*Media Power*, Palgrave Pub.

McNair, B.（1998）*The Sociology of Journalism*, Arnold.

O’sullivan, S., et al.（1994）*Key Concepts in Communication and Cultural*

Studies, Routeledge.
Richardson, J. (2007) *Analysing Newspapers*, Palgrave.
Shoemaker, P. and Vos, T. P. (2009) *Gatekeeping Theory*, Routledge.
Splichal, S. (1999) *Public Opinion*, Rowman & Littlefield Pub.
Stanyer, J (2007) *Modern Political Communication*, Polity Press.
Street, J. (2001) *Mass Media, Politics and Democracy*, Palgrave Macmillan.
Thompson, J. (1995) *The Media and Modernity*, Stanford Univ. Press.
Wayne, M. (2003) *Marxism and Media Studies*, Pluto Press.
Willis, J. (2007) *The Media Effect*, Praeger Pub.
Zelizer, B. (2004) *Taking Journalism Seriously*, Sage Pub.

初出一覧

第 1 章　「はじめに」大石裕編著『ジャーナリズムと権力』（世界思想社，2006 年）1-13 頁。「権力とジャーナリズム」浜田純一ほか編『新聞学（新訂）』（日本評論社，2009 年）140-51 頁。

第 2 章　「ニュースの物語の重層性」『社会志林』56 巻 4 号（法政大学社会学部，2010 年）151-62 頁。

第 3 章　「拡大する『政治』と社会運動論」野宮大志郎編著『社会運動と文化』（ミネルヴァ書房，2002 年）85-102 頁。「メディア・フレームと社会運動に関する一考察」『三田社会学』12 巻（三田社会学会，2007 年）19-31 頁。

第 4 章　「世論調査という『権力』」大石裕編著『ジャーナリズムと権力』（世界思想社，2006 年）81-109 頁。

第 5 章　「『政治』の中のメディア言説」『法学研究』77 巻 12 号（慶應義塾大学法学研究会，2004 年）399-424 頁。

第 6 章　「『チッソ安定賃金闘争』をめぐるメディア言説」小林直毅編著『「水俣」の言説と表象』（藤原書店，2007 年）194-227 頁。「戦後日本の社会運動におけるチッソ労働運動の位置づけ」『大原社会問題研究所雑誌』630 号（法政大学出版会，2011 年）14-28 頁。

第 7 章　「沖縄地方紙と沖縄の記憶」『慶應の政治学　政治・社会（慶應義塾創立 150 年記念法学部論文集）』（慶應義塾大学出版会，2008 年）49-73 頁。「沖縄地方紙における『記憶の網』」『法学研究』82 巻 2 号（慶應義塾大学法学研究会，2009 年）57-78 頁。

著者略歴

1956年　東京生まれ
1979年　慶應義塾大学法学部政治学科卒業
1985年　同大学院法学研究科博士課程（政治学専攻）単位取得退学
財団法人電気通信政策総合研究所，関西大学社会学部を経て
現　在　慶應義塾大学法学部政治学科教授，博士（法学）
主　著　『地域情報化―理論と政策―』（世界思想社，1992年）
『政治コミュニケーション―理論と分析―』（勁草書房，1998年）
『ジャーナリズムとメディア言説』（勁草書房，2005年）
『メディア・ナショナリズムのゆくえ―「日中摩擦」を検証する』（共編著，朝日新聞社，2006年）
『コミュニケーション研究―社会の中のメディア（第3版）』（慶應義塾大学出版会，2011年）
『戦後日本のメディアと市民意識―「大きな物語」の変容―』（編著，ミネルヴァ書房，2012年）
訳　著　M. マコームズほか著『ニュース・メディアと世論』（関西大学出版部，1994年）
G.E. ラング／K. ラング著『政治とテレビ』（共訳，松籟社，1997年）
D. マクウェール著『マス・コミュニケーション研究』（監訳，慶應義塾大学出版会，2010年）

メディアの中の政治

2014年2月20日　第1版第1刷発行
2018年3月10日　第1版第2刷発行

著　者　大《おお》　石《いし》　裕《ゆたか》

発行者　井　村　寿　人

発行所　株式会社　勁《けい》　草《そう》　書　房

112-0005　東京都文京区水道2-1-1　振替　00150-2-175253
（編集）電話 03-3815-5277／FAX 03-3814-6968
（営業）電話 03-3814-6861／FAX 03-3814-6854
本文組版 プログレス・日本フィニッシュ・松岳社

ISBN978-4-326-30227-7　Printed in Japan

http://www.keisoshobo.co.jp